田中幸宏 著
税理士法人レガシィ 税務監修
あべかよこ マンガ

マンガでやさしくわかる 親・家族が亡くなった後の手続き

What to do when a family member dies

日本能率協会マネジメントセンター

4
プルルル
はー
ダッ

電車…すいてる
ガタン
ガタン
こんな時間に乗らないものね
小川 華《はな》 45歳独身
進学塾の国語講師
ガタン
ガタン
会議の途中で申し訳なかったな…
えっ!? お母さんが?
こちらはいいから帰ってください
実家どこだっけ? 九州? チケットとりますか?
茨城…
実家
東京の職場
めちゃ近くじゃん!

ガタン
ゴトン
実家…
といっても
私にはあまり
愛着がないのだ
ガタン
ガタン
私たち家族は
ずっと団地に
住んでいて
父が定年近くに
終《つい》の棲家《すみか》として
建売住宅を買った
私は就職して
独立したので
その家には数年しか
住んでいないのだ
終の棲家…
お父さん
新築買っちゃうぞ!!
えっ!?
ほんとに!?

このニュータウンなんだ
きゃー!!
ステキー!!
……
ひっくひっく
うう…
誰もいない電車でよかった…
ガタン
ゴトン
坂田総合病院

ぶわっ
すみません 入院していた 小川享子《きょうこ》の…
華さん!
姉ちゃん?
誰?
妹の朋だよ!
華の妹 蓼科《たてしな》 朋《とも》 38歳 2児の母
ぶわっ
なに言ってんの!
目が腫《は》れてて わからない!
ヒドイ
姉ちゃんこそ!
ムカ
ちょちょ…! 落ち着いて!
朋の夫 蓼科 拓《たく》40歳
2人で スパーリング してきたと 思えば大丈夫!
待てコラ!
なんです って?
霊安室

大丈夫ですか？
華さん
ありがとう
拓くん
いきなり電話で
母さん
亡くなったって…
どういうこと？
先週の金曜
調子が悪いって
この病院来たのは
もう話したでしょ？
うん
母さん
その何日か前に
散歩で転んで
背中打って
いたーっ！
「接骨院で
薬もらってきたの」
へー
って言って
たんだけど

やっぱり痛いから
この病院来たの
で、レントゲン撮ったら
背中の骨が折れてるって
えー!
2日後には
酸素濃度が
低下していて
危険な状態です
それで今日…
うっそ
ありえない
そんなことって
あるの?
直接の死因は
肺炎だって
ごえんせい
肺炎ていうの?
(誤嚥性肺炎)
食道
気管
こちらに
入ってしまう
誤嚥性肺炎…誤嚥したもの
が肺に入り炎症を起こす
飲み込む力が
弱くなると
起こりやすい
んだそうです

まさか死んじゃうなんて…
ブブッ
朋、オレ子どもたち迎えに行ってくるわ
わかった家に戻ってて
ふー
そういえば…これからどうしよう？
お葬式でしょう？どこかに頼まなきゃ
その前に霊安室っていつまでいていいの？
わかんないよ

3年前父さんが亡くなった時は母さんが全部段取りしてくれたからね
私は子どもが小さかったから助かったわ
姉ちゃん、父さんが亡くなった当日は来られなかったよね
仕事だよ
それしかないか
悪かったわね！
仕事…しばらく休める？
うん 他の先生が代わってくれるって
でも試験の時期じゃなくてよかったわ
評判の塾だもんね
新海塾
学カテ
4月
父さんがくも膜下 母さんが…
ウチはぱったり逝く家系なのかな
お姉ちゃんヤバいよ
腐乱死体で発見されるタイプだよ
腐乱まで言うな

母さんいつも
姉ちゃんのこと
心配してたから
華、どう
してる?
彼氏できた
かな?
デートとか
してないの?
ゴッ
いたっ!
ソレ
わかってる
から
今言うな
……
…ごめん
?
なんか寒い…
ガタッ
まずは
葬儀社を
決めること
ですよ
ボソッ
ヒイー!?

はじめに

突然の知らせで実家近くの病院に呼び出された小川華。離れて暮らす両親の死に間に合わず、普段は意識していなかった「身近な人の死」と「弔《とむら》い」がいきなり自分の身に降りかかる。これは、誰にでも起こりうる未来です。

無口だった父が、口うるさかった母が、大切な家族が、もうこの世にいないとわかったとき、私たちはショックを受け、激しい悲しみに襲われます。病院の霊安室のひんやりした空気の中で対面する遺体はまだ生きているようで、今にも話しかけてくるのではないかと感じます。でも、そんな奇跡は起きません。亡くなった人は二度と戻ってこないのです。

私は2015年に両親を立て続けに亡くしました。亡くなるまでのおよそ2年半、私は近くに暮らす両親の介護をしていました。父はパーキンソン病を患い、移動はすべて車椅子で、食事以外は介助が必要な状態でした。母は健康でしたが、認知症の初期症状が出ていて、さまざまなトラブルに悩まされました。デイサービスやショートステイ、ヘルパー、訪問診療など、積極的に外部の手を借りて、できるだけ自分の負担を減らすように工夫していたつもりですが、仕事をしながらの介護はやはり大変で、あと1年あの状態が続いたら、私の生活は破綻していたかもしれません。

そんな私の不安を感じ取ったのか、健康だったはずの母が病院に担ぎ込まれたのは、8月のお盆が過ぎた頃でした。そして、5日後にはあっけなくこの世を去ってしまいます。病名は「急性骨髄性白血病」。まったく予想外で、病院に運ばれた時点で手の施しようはありませんでした。意識を失う直前に、私たち兄弟と4人の孫の姿を見せることができたのが唯一の救いです。

母が亡くなり、いよいよ父の面倒を見る人がいなくなって、私は父がいるときは実家に泊まり込み、それ以外の日はお泊りデイやショートステイを組み合わせて急場をしのぎました。3か月後、ようやく介護老人保健施設への入所が決まり、これで少しは楽になるとホッとしたのもつかの間、入所5日目にして父が息を引き取りました。直接の死因は「胸部大動脈瘤《りゅう》破裂」。脳梗塞《こうそく》も心筋梗塞も経験した父の血管はいつ破裂してもおかしくない状態でした。

二人を見送った今、思うのは、葬式もお墓も相続も税金もわからないことだらけだけど、わからないことは人に聞けばなんとかなるということです。特に働きながら、子どもを育てながら手続きをしなければいけない人にとっては、外部の助けを上手に借りることが大切です。

この本では、私自身やマンガ家のあべかよこさんの経験を下敷きに、相続に関するあらゆる相談に応えてくれる力強い味方、税理士法人レガシィさまの豊かな知見、相続手続きに関する豊富な実務のご経験を加えて、大切な人が亡くなった後に押し寄せるさまざまな手続きを紹介します。

やることが多すぎて不安になるかもしれませんが、「華ちゃんにもできたんだから」と気持ちを楽にもってください。大丈夫。みなさんにもきっとできます。

2016年夏

田中幸宏

マンガでやさしくわかる親・家族が亡くなった後の手続き

目次

第2章　通夜・葬儀までにやること（7日程度）

第3章

葬儀後すみやかに済ませること(〜2・3週間)

でも私、
戸籍謄本とか
抄本とか
違いがぜんぜん
わからないのよね…
出口

今日、香典返しのカタログ発送が済んだところ
はあー…ここまで終わった…
ギフトSHOP

第6章 相続の手続き（〜10か月）

第7章

相続を考え始めたら、今すぐやっておきたいこと

※本書は2016年7月末現在の法令等に基づいています。
※本書中の各種書類の記入見本は、特記がある場合を除き、各機関の記入例、作成例を元に著者が作成したものです。

3か月　4か月　10か月　1年

一周忌

●姻族関係終了の手続き
●復氏の手続き
必要な場合にやること

●遺族年金の請求（5年以内）

●葬祭費・埋葬料の申請（2年以内）
●高額療養費の請求（2年以内）
落ち着いてからやること

（10か月以内）
相続税の申告・納税

相続税の計算
遺産分割協議書の作成
遺産分割協議
相続財産の評価

（4か月以内）
故人の所得税の準確定申告

（3か月以内）
相続放棄・限定承認の手続き

亡くなった後の主な手続き（年間カレンダー）

当日 → 7日 → 2か月

法要

- 通夜
- 葬儀・告別式
- 火葬
- 初七日
- 四十九日法要
- 納骨

手続き・届出

7日以内にやること

- 死亡診断書の交付
- 死亡届の提出

2週間以内にやること

- 世帯主変更
- 健康保険証の返納
- 介護保険証の返納

すみやかに行うこと

- 運転免許証などの返納
- 年金の受給停止
- 未支給年金の請求
- 生命保険の手続き
- 公共料金などの手続き

相続・税務

- 遺言の有無確認
- 相続人の確定

手続きの詳細は、各章で紹介します。

亡くなった当日にやること　チェックリスト（第1章）

- [ ] 家族や親しい兄弟姉妹、友人に連絡を入れる
- [ ] （病院以外の場所で危篤に陥った場合）119番通報する
- [ ] 死亡診断書（または死体検案書）の交付を受ける
- [ ] 死亡診断書のコピーをとる（後日でも可）
- [ ] 死亡届を提出する（7日以内）
- [ ] 火葬許可証を提出する（死亡届と同時に行う）
- [ ] 葬儀業社を決める
- [ ] 遺体の安置先を決める
- [ ] 遺体を搬送する

～7日

葬儀までにやること　チェックリスト（第2章）

- [ ] 火葬の場所、日程を決める
- [ ] 葬儀の場所、日程を決める
- [ ] 喪主を決める
- [ ] 参列者の人数を決める
- [ ] 関係者へ連絡する
  - [ ] 友人、知人
  - [ ] 最後に勤務していた職場（公務員の場合は、役所）
  - [ ] 自分の勤務先
  - [ ] ケアマネジャー
- [ ] 葬儀の詳細を決める（葬儀社と相談する）
- [ ] 喪服を手配する
- [ ] 僧侶を手配する
- [ ] 戒名を依頼する
- [ ] 当座の現金を確保する

～2・3週間

すみやかにやることチェックリスト（第3章）

- □ 必要な書類を準備する
  - □ 除籍謄本
  - □ 故人の住民票（除票）
  - □ 手続きを行う人の戸籍謄本
  - □ 手続きを行う人の住民票
  - □ 故人の印鑑
  - □ 手続きを行う人の実印
  - □ 手続きを行う人の印鑑登録証明書
- □ 世帯主の変更手続き（2週間以内）
- □ 健康保険証の返納（2週間以内）
- □ 葬祭費、埋葬料の申請（2年以内）
- □ 介護保険証の返納（2週間以内）
- □ 年金の受給停止
- □ 未支給年金の請求
- □ 運転免許証の返納
- □ マイナンバーカードの返納
- □ パスポートの返納
- □ 印鑑登録証の返還
- □ クレジットカードの解約
- □ 生命保険の手続き
- □ 電気、ガス、水道などの解約・変更手続き
- □ 姻族関係終了の手続き
- □ 復氏の手続き

四十九日法要までにやること　チェックリスト（第4章）

- □ 四十九日法要の日程を決める
- □ 四十九日法要を依頼する葬儀社を決める
- □ 菩提寺（または葬儀を依頼した僧侶）に連絡する
- □ 法要の施設を決める
- □ 返礼品を準備する
- □ 法要後の会食を手配する
- □ 関係者に案内する
- □ 本位牌を準備する
- □ 仏壇を準備する（新たに購入する場合は、開眼法要を行う）
- □ お墓を準備する（新たに購入する場合は、開眼法要を行う）
- □ お墓を移す場合は、改葬許可の手続きを行う

四十九日～半年

落ち着いたらやること　チェックリスト（第5章）

- [ ] 高額療養費の給付申請を行う（２年以内）
- [ ] 故人の所得税の準確定申告（４か月以内）
- [ ] 故人の所得税の納付
- [ ] 遺族年金の請求（５年以内）
- [ ] 実家を片付ける

半年～10か月

相続についてやること　チェックリスト（第6章）

- [ ] 遺言を確認する
- [ ] 遺言の検認手続きを行う（必要に応じて）
- [ ] 遺留分減殺請求を行う（必要に応じて）
- [ ] 戸籍調査を行う
- [ ] 相続人を確定させる
- [ ] 相続が必要な財産を探す
- [ ] 不動産登記事項証明書で実家の状況を確認する
- [ ] 相続税の概算を調べる
- [ ] 相続放棄、限定承認の手続きを行う（３か月以内）
- [ ] 遺言がない場合は、話し合いで相続を決める(遺産分割協議)
- [ ] 遺産分割協議書を作成する
- [ ] 相続財産の名義変更
- [ ] 相続税の計算
- [ ] 相続税の申告
- [ ] 相続税の納付

第1章

亡くなった当日にやること

STORY 1　この業者ボッタクリじゃない？

STORY 1　この業者ボッタクリじゃない!?

もしすでに お願いする 葬儀社さんが おありでしたら…
いえ、まったく 決まっていません
では 簡単な資料を お持ちします
いったん 失礼します
あっ
いまドア通り 抜けたよね？ ねえ？ 抜けたでしょ？
何言ってるの さっきから
だいたい 葬儀の相場って どれくらいなの？
探してみる
「家族葬 20万円より！」
安っ!!
でも オプション追加で 20万は難しそう
そうだろうね
プラン 1
プラン 2
家族葬って？
最近よく聞くよね 家族だけでやる お葬式じゃない？

じゃあ友だちとかには知らせないの？
事後報告？
なんかそれもさみしいなあ
一般的な葬儀の値段は？
うーんと
葬儀の値段って飾りの豪華さとか来客数とかお返しの品とかで変わるみたい
専業主婦での場合…100万から120万円くらい
えっ！
そ、そうなんだ…
高い…！
さっきの柳田さんの「青木葬祭」地元で60年だって
へえ
「地元で長年」っていうのは信用できそうじゃない？
まあね
地味に60年ー
青木葬祭
そうだ同僚の松田先生に聞いてみよう
父が亡くなってね…葬儀を…
(昨年)

パタン
安室
もしもし小川です 松田先生ですか？
この度は… いろいろすみません
ああ、葬儀のこと？ でもウチは田舎だから参考にならないかも…
いえ、そんな
えっ
田舎の風習で7日間葬儀を続ける!?
総額450万円!?
そんな恐ろしい秘境があるのか
参考にはしないでおこう
ピッ
でもやっぱり結構お金かかるよねえ… 姉ちゃん貯金あるよね？
そりゃなくはないけど…
それはおひとり様の老後資金なの！

都心のマンションで一人暮らしだもんね
うちなんか拓ちゃんの会社の社宅だよ？子ども二人いるし
しかも食べ盛り！
今いくつだっけ？
40歳！
でも人一倍食べるんだよ
食べ盛りいつ終わるんだか
夫の
拓ちゃん
子どもの話じゃないのか
ここはひとつ姉ちゃん頼みます！
ちょっと待ってよ！
そりゃあコツコツ貯めたお金はあるけど…
葬儀にそんなにお金はかけられないよ
お葬式くらいは豪華にやろうよー
自分はお金出さないのに!?
先ほどの柳田です
パンフレットをお持ちしました
まず…先に決めなくてはいけないのが葬儀社なのですが
青木葬祭さんにお願いします
……
決断はやっ！

あ、ありがとうございます。
では次に斎場（火葬場）を決めていただきます
こっちの斎場のほうが家から近いね
うん
じゃあ、家に近いほうでお願いします
承知しました
まず斎場の空きを確認します
少しお待ちください
高齢化してるから葬儀場の数は多いんだけど火葬場の数は限られているからスケジュール一杯、なんてこともあるらしいよ
へえー
大丈夫です
明後日、斎場の予約がとれました
よかった
ほっ
ではまず、これからの流れをひととおりお話しします

斎場が明後日の午後、
予約できましたので
明日がお通夜、
明後日の午前中から
葬儀と告別式になります
はい
次にご遺体の
安置先を決めます
安置先…
病院からは
なるべく早くに
移動してくださいと
言われます
安室
※状況にもよります
次に亡く
なられた方が
いらっしゃると…
そうか
霊安室に
移動できないと
困りますもんね
ご自宅に戻られる場合は
自宅
今夜は
ご自宅で過ごされ
明日葬儀場に移動
その夜がお通夜
セレモニーホール
次の日に
葬儀、告別式
その後、斎場に移動し
火葬、となります

こちらの斎場は葬儀場も併設しているのでそちらをお願いすると移動がありません
え！そのほうがいいです葬儀場もそこでお願いします
斎場＋葬儀場
承知しました
ふつうは…自宅に母さん…遺体を連れて戻りますよね？
そういう方が多いですほかにも自宅が難しいときは葬儀場に空きがあれば預かってもらうこともできます
家に戻ろう和室が空いてるよ
そうだね
次に喪主《もしゅ》を決めていただきます
そこは姉ちゃんでひとつ！
うう～…
…私がやります
では小川華さまでお願いいたします
………
あの…金額のことなんですけど…

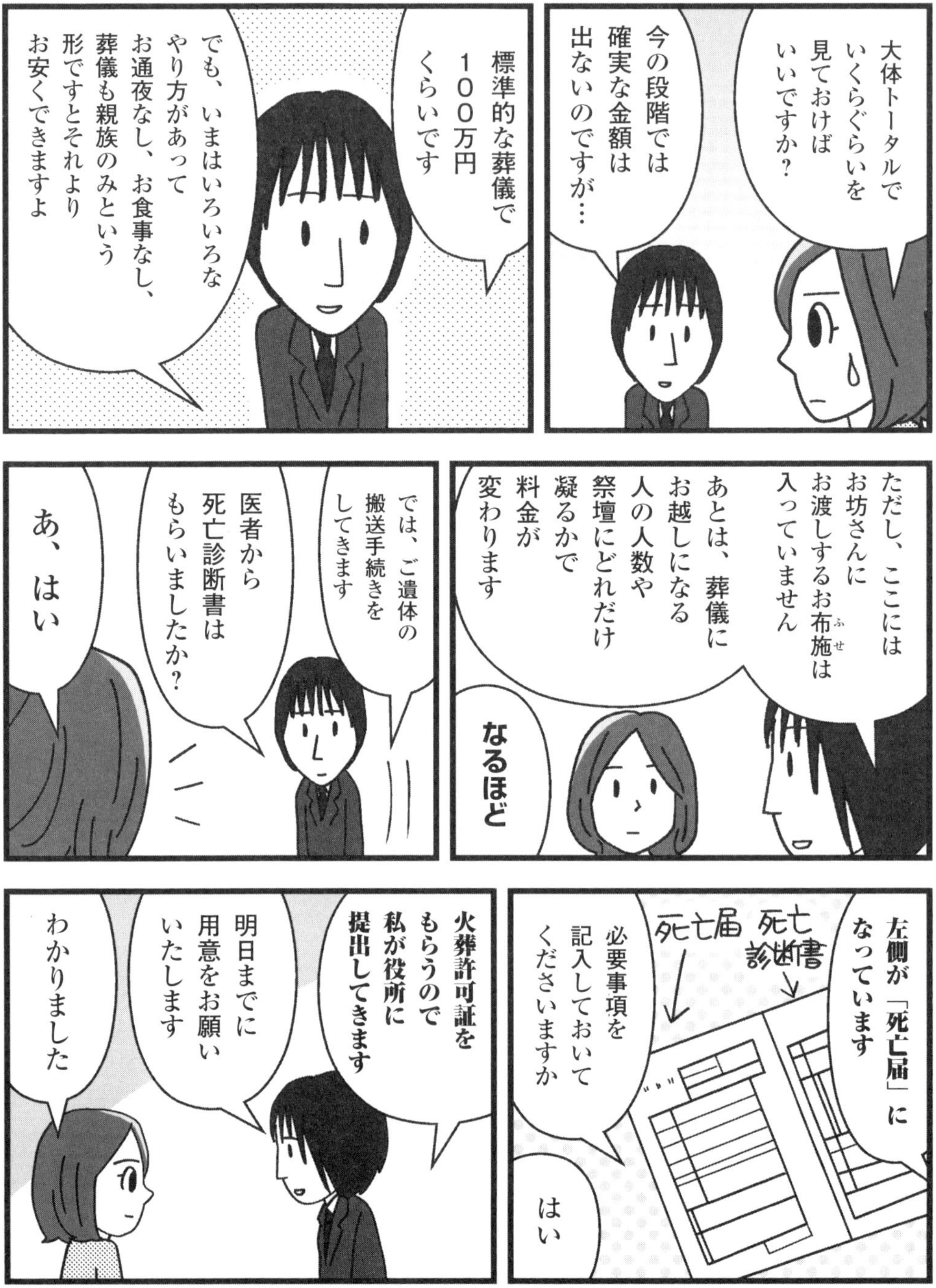
大体トータルでいくらぐらいを見ておけばいいですか？
今の段階では確実な金額は出ないのですが…
標準的な葬儀で１００万円くらいです
でも、いまはいろいろなやり方があってお通夜なし、お食事なし、葬儀も親族のみという形ですとそれよりお安くできますよ
ただし、ここにはお坊さんにお渡しするお布施《ふせ》は入っていません
あとは、葬儀にお越しになる人の人数や祭壇にどれだけ凝るかで料金が変わります
なるほど
では、ご遺体の搬送手続きをしてきます
医者から死亡診断書はもらいましたか？
あ、はい
左側が「死亡届」になっています
死亡届
死亡診断書
必要事項を記入しておいてくださいますか
はい
火葬許可証をもらうので私が役所に提出してきます
明日までに用意をお願いいたします
わかりました

家に戻ったら親戚の方、近しい方にお知らせしましょう
はい
そのほかにも決めていただくことはありますが
まずはご自宅に戻りましょう
はい
わからないことがあったらなんでも聞いてください
ありがとうございます
……
フー…
その後担当医や看護師さんがお焼香を上げに来てくださり
みなさんに見送ってもらい自宅に戻りました
ブウー…

1-1 大切な人の最期を看取る

対象　全員
時期　ー

危篤の連絡を受けたら、あわてずに病院に行きましょう

▼いつ亡くなるかは誰にもわからない

入院先の病院で容態が急変し、そのまま亡くなってしまった姉妹の母親・享子。東京で一人暮らしをしていた姉の華は、妹の朋の連絡を受けて、病院へ駆けつけます。

華のように親と離れて暮らす方は、親の死に目に間に合わないかもしれません。自転車で5分の距離に住んでいた私も、実は両親が亡くなる瞬間には立ち会うことができませんでした。

母のときは、泊まりがけで病院に見舞いに来てくれた姉に任せて帰宅、翌朝交代するために向かう車中で息を引き取ったという連絡をもらいました。数分後、病室に到着したときにはすでに母の息はなく、姉が「連絡が間に合わなくてごめんね」と何度も泣いて謝っていたのが妙に記憶に残っています。

父は、入所していた介護老人保健施設でふつうに昼食を食べた後、歯磨きのために洗面所に移った瞬間、顔面蒼白になって車椅子から崩れ落ちたそうです。施設からの電話でいきなり「もう駄目かも」と聞かされ、慌ててタクシーで向かいましたが、途中で救急隊員の方から電話があり、「救急救命措置をしますか？　しない場合はこのまま病院に運んで死亡確認をしてもらうことになります」と言われ、覚悟を決めました。施設に入所するときに気管挿管《きかんそうかん》などの説明を受け、姉とも相談して措置は望まないと決めていたので、そのとおりにしてもらったのです。

▼危篤の連絡が入ったら

日本では、8割の方が病院で亡くなります。そのため危篤《きとく》の連絡も、病院から受ける可能性が高いでしょう。家族が付き添っている場合は、もちろんその人から連絡が入ります。

突発的な事故や、容態の急変でもない限り、余命が1週間を切る頃に、医師から「そろそろご家族のみなさんを呼んだほうがいい」という説明を受けます。

そのおかげで、母のときは、別の病院に入院していた父を除いて、家族全員話をする時間がもてました。

もう二度と戻ってこない最期のひと時を家族のみなさんで共有してください。

▼病院以外の場所で危篤に陥ったら

亡くなる場所として、病院に次いで多いのは自宅です。自宅で危篤状態に陥った際は、119番に通報して救急車を手配するのが基本的な対応です。

自宅で看取るために療養している場合は、かかりつけの主治医がいるはずなので、容態の急変に気づいた時点ですぐに主治医に連絡をとり、自宅に来てもらいます。連絡がつかないときは、救急車を呼んでください。

なお、呼吸や脈が止まっているなど、誰が見ても死亡している様子の場合でも、医師が死因を特定するまでは、遺体を勝手に動かすことはできませんので注意してください。

交通事故など不慮の事故に遭ったときは、警察への連絡も必要です。

1-2 死亡診断書を受け取る

▼死因は何かを特定する

医師が死亡を確認した後、しばらくすると、遺族に対して担当医から説明があります。その際、「病理解剖をしていいか」と聞かれますので、イエスかノーを伝えます。

「病理解剖」は生前の診断が正しかったか、治療の効果はあったか、直接の死因は何かを調べて、今後の治療に役立てようというものです。殺人などの犯罪に巻き込まれた可能性があるときに行われる「司法解剖」や、事件性はないものの死因がはっきりしないときに行われる「行政解剖」とは異なり、あくまで治療の一環なので、遺族の承諾が必要です。

対象 全員
時期 当日

私の母のときは、病院に着いた直後から白血病だと知らされ、抗がん剤治療の説明などを受けていたのと、はじめての経験で「解剖」という言葉に心理的な抵抗感があったので、病理解剖は断りました。

父のときは、倒れたのが病院ではなく、あまりにも急な話だったため、「念のため」という気持ちで病理解剖をしてもらって「胸部大動脈瘤破裂」という死因が明らかになりました。

▼死亡診断書の交付を受ける

死因が決まると、その日のうちに医師から**「死亡診断書」**を渡されます。死亡診断書は、死亡日時や場所、死亡原因などが書かれており、作成した医師の署名（または記名押印）が必要です。

ふだん診療を受けている病気とは別の理由（事故やほかの病気など）で亡くなった場合は、**「死体検案書」**の交付を受けます。死亡診断書と死体検案書は同じ形式で書類で、該当しないほうを取り消し線で消して使います。

死亡診断書（死体検案書）を受け取ったら、その左側にある**「死亡届」**に記入のうえ、故人の死亡地または本籍地などの市区町村役場に提出します（1－3参照）。

▼死亡診断書はコピーをとっておくと便利

死亡診断書（死体検案書）は、生命保険の請求や年金事務所での手続きで必要になるため、あらかじめ何枚かコピーをとっておきましょう。

葬儀社に書類を預けるときに（1－3参照）、「何枚かコピーをお願いします」と念押ししておけば安心です（何も言わなくてもコピーをとってくれる葬儀社が多いようですが）。コピーするのを忘れて病院に再発行をお願いすると、数千円はかかるので、もったいないです。

左側が「死亡届」になっています
死亡診断書
死亡届
必要事項を記入しておいてくださいますか
はい

死亡診断書　見本

死亡診断書と死体検案書は同じ書式を使用する

死亡診断書 ~~（死体検案書）~~

死亡を診断した医師が日本語で記入することができるときは、下記の欄を使用しても差し支えありません。
この死亡診断書（死体検案書）は、我が国の死因統計作成の資料として用いられます。かい書で、できるだけ詳しく書いてください。

記入の注意

- 氏名：小川享子　1男　(2女)　生年月日：明治　昭和　大正　平成　××年　×月　×日　（生まれてから30日以内に死亡したときは生まれた時刻も書いてください）午前・午後　時　分
  - 生年月日が不詳の場合は、推定年齢をカッコを付して書いてください。
- 死亡したとき：平成　××年　×月　×日　午前・(午後)　×時　×分
  - 夜の12時は「午前0時」、昼の12時は「午後0時」と書いてください。
- (12)(13) 死亡したところ及びその種別
  - 死亡したところの種別：(1病院)　2診療所　3介護老人保健施設　4助産所　5老人ホーム　6自宅　7その他
  - 死亡したところ：坂田総合病院　番地　番　号
  - （死亡したところの種別1～5）施設の名称：茨城県○○市○○
  - 「老人ホーム」は、養護老人ホーム、特別養護老人ホーム、軽費老人ホーム及び有料老人ホームをいいます。

死亡した場所を記入する

- (14) 死亡の原因
  - ◆I欄、II欄ともに疾患の終末期の状態としての心不全、呼吸不全等は書かないでください
  - ◆I欄では、最も死亡に影響を与えた傷病名を医学的因果関係の順番で書いてください
  - ◆I欄の傷病名の記載は各欄一つにしてください
  - ただし、欄が不足する場合は(エ)欄に残りを医学的因果関係の順番で書いてください
  - I　(ア)直接死因／(イ)(ア)の原因／(ウ)(イ)の原因／(エ)(ウ)の原因
  - II　直接には死因に関係しないがI欄の傷病経過に影響を及ぼした傷病名等
  - …の期間　◆年、月、日等の単位で書いてください。ただし、1日未満の場合は、時、分等の単位で書いてください。（例:1年3か月、5時間20分）
  - 手術　1無　2有　｛部位及び主要所見｝　手術年月日　平成　昭和　年　月　日
  - 解剖　1無　2有　｛主…｝
  - 傷病名等は、日本語で書いてください。
  - I欄では、各傷病について発病の型（例：急性）、病因（例：病原体名）、部位（例：胃噴門部がん）、性状（例：病理組織型）等もできるだけ書いてください。
  - 妊娠中の死亡の場合は「妊娠満何週」、また、分娩中の死亡の場合は「妊娠満何週の分娩中」と書いてください。
  - 産後42日未満の死亡の場合は「妊娠満何週産後満何日」と書いてください。
  - I欄及びII欄に関係した手術について、術式又はその診断名と関連のある所見等を書いてください。紹介状や伝聞等による情報についてもカッコを付して書いてください。

死因を特定し、記入する

- (15) 死因に種類
  - (1病死及び自然死)
  - 外因死　不慮の外因死｛2交通事故　3転倒・転落　4溺水　5煙、火災及び火焔による傷害　6窒息　7中毒　8その他｝
  - その他及び不詳の外因死｛9自殺　10他殺　11その他及び不詳の外因｝
  - 12不詳の死
  - 「2交通事故」は、事故発生からの期間にかかわらず、その事故による死亡が該当します。
  - 「5煙、火災及び火焔による傷害」は、火災による一酸化炭素中毒、窒息等も含まれます。
- (16) 外因死の追加事項　◆伝聞又は推定情報の場合でも書いてください。
  - 傷害が発生したとき：平成・昭和　年　月　日　午前・午後　時　分
  - 傷害が発生したところ
  - 傷害が発生したところの種別：1住居　2工場及び建築現場　3道路　4その他（　）
  - 手段及び状況
  - 「1住居」とは、住宅、庭等をいい、老人ホーム等の居住施設は含まれません。
  - 傷害がどういう状況で起こったかを具体的に書いてください。
- (17) 生後1年未満で病死した場合の追加事項
  - 出生時体重　グラム
  - 単胎・多胎の別　1単胎　2多胎（　子中第　子）
  - 妊娠週数　満　週
  - 妊娠・分娩時における母体の病態又は異状　1無　2有［　］　3不詳
  - 母の生年月日　昭和　平成　年　月　日
  - 前回までの妊娠の結果　出生児　人　死産児　胎（妊娠満22週以後に限る）
  - 妊娠週数は、最終月経、基礎体温、超音波計測等により推定し、できるだけ正確に書いてください。
  - 母子健康手帳等を参考に書いてください。
- (18) その他特に付言すべきことがら
- (19)
  - 上記のとおり診断 ~~（検案）~~ する
  - 診断 ~~（検案）~~ 年月日　平成　年　月　日
  - 本診断書 ~~（検案書）~~ 発行年月日　平成　年　月　日
  - （病院、診療所若しくは介護老人保健施設等の名称及び所在地又は医師の住所）茨城県○○市○○　坂田総合病院　番地　番　号
  - （氏名）　医師　○○○○　印

医師の署名・捺印（またはサイン）が必要

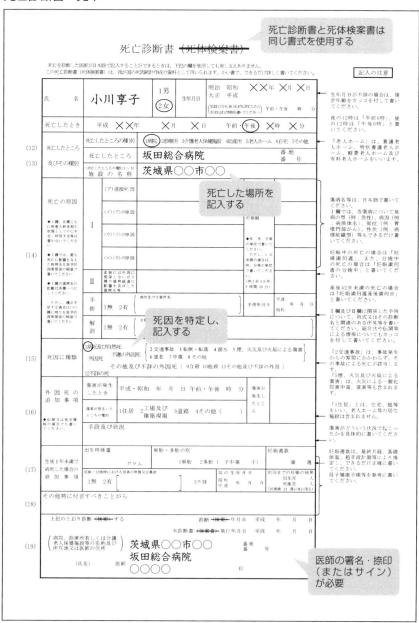

1-3 死亡届・火葬許可申請書を提出する

対象 全員
時期 7日以内

死亡届の提出は、葬儀社が代行するケースが多いです

▼死亡届に記入して葬儀社に預ける

死亡診断書（死体検案書）を受け取ったら、その左側にある**「死亡届」**に必要事項を記入します。

死亡届は死亡診断書（死体検案書）とセットで、死亡した日から7日以内に、故人の死亡地または本籍地などの市区町村役場に提出します。

このとき、**「火葬許可申請書」**も同時に提出するのが一般的です。火葬許可証がないと、火葬場で遺体を荼毘《だび》に付すことができないため、取り忘れ防止の意味もあって、「死亡届」と「火葬許可申請書」の提出は、葬儀社が提出を代行してくれるケースが多いようです。

「死亡届」が受理されてから、戸籍や住民票に反映されるまで数日かかります。すぐに手続きをしようと市区町村役場に行っても、「まだ登録されていません」と言われるかもしれません。

▼火葬許可申請書を提出する

「死亡届」と「火葬許可申請書」を自分で提出する方のために、見本をつけておきます。

市区町村役場での処理が終わると、「火葬許可証」が交付されます。これは、火葬のときに火葬場に提出します。火葬が済むと、お骨と一緒に「埋葬許可証」が渡されます。こちらは、納骨のときに霊園などに提出します。

●死亡届の提出

提出先	故人の死亡地や 本籍地などの市区町村役場の窓口
必要なもの	□ 死亡診断書（死体検案書） □ 印鑑
提出できる人	親族、同居者、家主、後見人など
手数料	なし

●火葬許可申請書の提出

提出先	死亡届を提出する市区町村役場の窓口
必要なもの	□ 死亡届 □ 印鑑
手数料	火葬料を支払う場合もある （火葬料：数千円～5万円）

死亡届　見本

死　亡　届

平成××年　×月　×日　届出

茨城県○○市　大使 総領事　殿

故人の死亡地や本籍地等の市区町村役場に提出する

受理	平成　年　月　日　第　号
送付	平成　年　月　日　第　号

書類調査	戸籍記載	記載調査	調査票	附票	住民票	通知

公館印

(1)(2)	氏名	氏 小川《おがわ》　名 享子《きょうこ》　☑男　□女
(3)	生年月日	昭和××年　×月　×日（生まれてから30日以内に死亡したときは生まれた時刻も書いてください）□午前 □午後　時　分
(4)	死亡したとき	平成　××年　×月　×日　□午前 □午後　×時　×分
(5)	死亡したところ	茨城県○○市○○　~~番地~~ 番　○　号
(6)	住所	茨城県○○市△△　~~番地~~ 番　○　号 世帯主の氏名　小川享子
(7)	本籍	茨城県○○市△△　番地 ~~番~~ 筆頭者の氏名　小川享子
(8)(9)	死亡した人の夫または妻	□いる（満　歳）　いない（□未婚　☑死別　□離別）
(10)	死亡したときの世帯のおもな仕事と	□1. 農業だけまたは農業とその他の仕事を持っている世帯 □2. 自由業・商工業・サービス業等を個人で経営している世帯 □3. 企業・個人商店等（官公庁は除く）の常用勤労者世帯で勤め先の従業者数が1人から99人までの世帯（日々または1年未満の契約の雇用者は5） □4. 3にあてはまらない常用勤労者世帯及び会社団体の役員の世帯（日々または1年未満の契約の雇用者は5） □5. 1から4にあてはまらないその他の仕事をしている者のいる世帯 ☑6. 仕事をしている者のいない世帯
(11)	死亡した人の職業・産業	（国勢調査の年…　年…の4月1日から翌年3月31日までに死亡したときだけ書いてください） 職業　　産業
	その他	
	届出人	□1. 同居の親族　☑2. 同居してない親族　□3. 同居者　□4. 家主　□5. 地主　□6. 家屋管理人　□7. 土地管理人　□8. 公設所の長　□9. 後見人　□10. 保佐人　□11. 補助人　□12. 任意後見人
		住所　東京都文京区○○　~~番地~~ 番　○　号
		本籍　茨城県○○市△△　番地 ~~番~~　筆頭者の氏名　小川享子
		署名　小川華　印　昭和○○年　○月　○日生

事件簿番号	

（届出人の連絡先及び電話番号　　　　　　）

故人について記入する

届出人の印を押す

記入の注意

届書はすべて日本語で書いてください。
鉛筆や消えやすいインキで書かないでください。
死亡したことを知った日からかぞえて3か月以内に出してください。

く国名から番地まで書いてください。なお、病院名を書く必要はありません。

「筆頭者の氏名」には、戸籍のはじめに記載されている人の氏名を書いてください。

内縁のものはふくまれません。

□には、あてはまるものに☑のようにしるしをつけてください。

死亡者について書いてください。

届書及び死亡を証する書面（外国官公署の発行する死亡登録証明書又は医師が作成した死亡証明書）は、それぞれ2通提出してください。
外国文の証明書には翻訳者を明らかにした和訳文を添付してください。

届け出られた事項は、人口動態調査（統計法に基づく基幹統計調査、厚生労働省所管）にも用いられます。

届出人の署名は、はっきりと読めるように本人が書いてください。なお、外国人が外国語で署名する場合は、その「よみかた」をカタカナで併記してください。

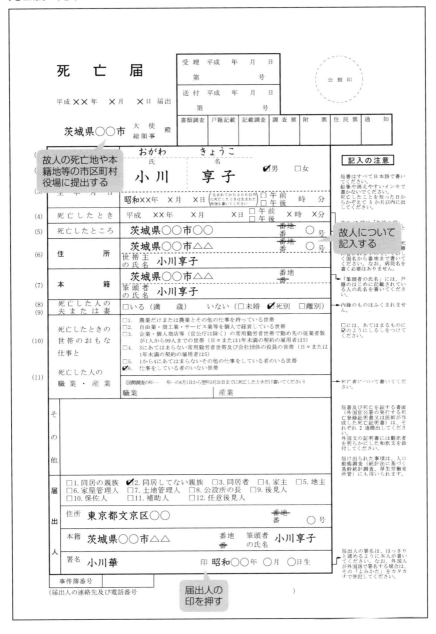

火葬許可申請書　見本

照合	担任	係長	課長

㊡

書式は市区町村によって異なる

死体埋火葬許可申請書

平成 × 年 × 月 × 日

届出人について記入する

（あて先）　○○ 市長

本　籍　茨城県○○市××　番地

住　所　東京都文京区○○　番　号　番地

死亡者との続柄　子　申請人　小川　華　㊞

明 大 ㊐昭　△△ 年　△ 月　△ 日生

次のとおり申請します。

本　籍	茨城県○○市××　番　番地
住　所	茨城県○○市××　番　号　番地
死亡者氏名	小川　享子　明 ㊐昭 大 平　◇◇ 年　◇◇ 月　◇◇ 日生
性　別	男　㊛女
死　因	「一類感染症等」　（「その他」）
死亡の年月日時	平成 × 年 × 月 × 日 午（前）後 × 時 × 分
死亡の場所	○ 町　丁目　番　号　番地
埋葬又は火葬の場所	○○斎苑

故人について記入する

死亡診断書をもとに記入する

火葬場の場所を記入する

1-4 葬儀業者を手配する

対象 全員
時期 当日

▼霊安室には長時間安置できない

遺体はアルコールなどで清められ、耳や口、鼻、肛門などに脱脂綿を詰めて、故人が生前に好んだ服（実家が近ければ、病理解剖しているあいだに取りに戻ることもできます）か、病院で提供される浴衣に着替え、死化粧（男性なら髭《ひげ》を剃る、女性なら薄く頬紅や口紅を塗るなど）を施されて、霊安室に移動します。

亡くなった時刻にもよりますが、霊安室には長くはいられないので、病院から「○時頃には遺体を引き取ってください」と言われます。

遺体の搬送は葬儀社に頼むのが一般的ですが、マイカーで自宅に運ぶところもあるようです。

▼葬儀社は最高のアドバイザー

自分で葬式を取り仕切るのがはじめての人にとって、葬儀のプロである葬儀社の担当者ほど頼りになる存在はいません。ただでさえ気が動転しているはずなので、できるだけ外部の助けを借りて、あまり深く考えなくても物事が進むようにしたほうがいいでしょう。親族に葬式慣れした人がいるときは、葬儀社選びの段階から相談して、思い切って任せてしまうのもいいかもしれません。

▼病院の出入り業者に頼むことも

華と朋の姉妹は、事前に葬儀社を決めていなかったので、病院の出入り業者の柳田さんにお願いすることにしました。

　私の母も入院して5日目に亡くなってしまったので、葬儀社のことなど、まったく考える余裕はありませんでした。霊安室で、出入りの葬儀社の方から声をかけられてはじめて、「遺体を運ぶにも葬儀社にお願いしないといけないのか」と気づいたくらいです。

　葬式費用の相場も全然知らなかったので、葬儀社の方が席を外した隙に、「○○区（居住地）葬儀社」とスマートフォンで検索しました。お坊さんへの支払いを除くと、80万～120万円くらいで最低限の葬式ができることだけはわかりましたが、わかったのはそれくらいで、結局、選択の余地なく、その葬儀社にお願いすることにしました。

　結果的には、たいへんよくしていただいたので、3か月後に父がなくなったときは、迷うことなく同じ葬儀社に連絡をとりました。


　葬儀のおおよその相場は次のとおりです。葬儀業者の数が増えたこともあり、以前と比べると〝ぼったくり〟業者は減ったようですが、不安な方は、事前に調べておくといいでしょう。

●通夜・葬儀にかかる金額（目安）

	規模	金額（目安）
最安値	20～30名	70万円
通常	50～60名	100～120万円
少し豪華	100名程度	150～200万円

▼葬儀社選びのポイント

長期入院の後に亡くなるなど、時間的に余裕があるときは、医師から「余命半年です」「1年以内でしょう」などと言われたあたりから徐々に考え始め、事前に目星をつけておくと、その後の展開がスムーズです。

代々お願いしているお寺や葬儀社がある場合はそこに頼むのが自然ですし、ない場合は、経験者から紹介してもらうといいでしょう。

その他、葬儀社を選ぶうえでは、以下のようなポイントを検討してみるといいでしょう。

・地元の評判はどうか
・紹介者の意見はどうか
・質問にていねいに答えてくれるか
・こちらの希望を聞き、希望に沿った提案をしてくれるか
・事前に明細が記載された見積書を出してくれるか（個々の単価まで明示してくれるか）
・できるだけ安く済ませたいという要望を伝えても、ていねいに対応してくれるか
・パンフレットがわかりやすいかどうか
・式場・会館の雰囲気はどうか
・そこで働くスタッフの様子はどうか（スキル不足ではないか）
・葬祭ディレクターの在籍数はどうか

1-5 葬儀の日程と遺体の安置場所を決める

対象 全員
時期 当日

遺体の搬送は、葬儀社に手配してもらうことが多いでしょう

▼火葬場の予約がとれない？

葬儀社が決まったら、なにはともあれ斎場の日程を押さえます。というのも、増えた高齢者が続々と亡くなる「多死社会」を迎えた日本では、斎場、なかでも火葬場の数が足りずに順番待ちになっていることが多いのです。

幸い、小川家はすぐに予約がとれたようですが、私の母のときは5日後、父のときは1週間後しか予約がとれず、遺体の安置場所に苦労しました。

斎場は、公営の斎場と民間の斎場に分かれ、さらに火葬場を併設したところと、葬儀会場のみのところがあります。料金もそれぞれ違うので、およその参列者の人数と予算を伝え、葬儀社の担当者に提案してもらうといいでしょう。

▼遺体の搬送

遺体の搬送は、葬儀社に手配してもらいましょう。搬送先は、葬儀まで何日あるかによって変わります。

母のときは、夏場だったこともあり、自宅に遺体を長時間安置するのは不安だったため、病院のご厚意で2日間預かってもらいました。その後、実家へ搬送して2日間、自宅のベッドに安置して、通夜当日に葬儀会館へ移動。その夜は兄と姉が会館に泊まり、翌日の葬儀・告別式を終えた後、参列者のみなさんと一緒に火葬場に向かいました。

父の遺体はその日のうちに病院から実家へ引き取り、3日めに斎場に移動して納棺、そのまま保冷庫で通夜当日まで預かってもらいました。

▼自宅に遺体を迎える

自宅に遺体を迎えるときは、事前に近隣の方に一声かけておくといいでしょう。

私の実家はマンションなので、まず管理人に事情を説明して、遺体到着時に荷物の搬入口を開けてもらい、エレベーターもストレッチャーのまま載せられるように対応してもらいました。マンションの規約によっては搬入が難しいこともあるかもしれませんので、そのときは、葬儀社に相談してみてください。

自宅では、ニオイ対策として、部屋の冷房をつけっぱなしにし、ドライアイスで遺体を冷やして安置します。ドライアイスの交換なども葬儀社がやってくれるので安心です。

COLUMN　喪主とは？

遺族を代表して葬儀を取り仕切る人を喪主《もしゅ》といいます。故人の配偶者、配偶者がいないときは長男や長女、あるいは同居していた家族が務めるのが一般的です。訃《ふ》報《ほう》や香典返しは喪主の名前で行いますが、世話役が別にいるときは、実務は任せてしまって大丈夫です。

〈喪主の役割〉
- 葬儀社との打ち合わせ（段取り決定）
- 会葬者への挨拶
- 僧侶への対応
- お骨の管理と弔問《ちょうもん》客の受け入れ

第2章

通夜・葬儀までにやること（7日程度）

STORY 2 お葬式はお金次第？

柳田さん
次は何をしたら
いいですか？
あ、はい
まずは近しい方、
親戚の方に
知らせましょう
はい
それから
葬儀に
来られる方の
人数を教えて
ください
わかりました
拓ちゃんの
親族には
知らせておいた
ありがとう
ねえ
母さんの
親戚って？

私も考えたんだけど母さん一人っ子でばあちゃん亡くなってるしねじいちゃんも戦争で亡くなってるし
遠い人はいるだろうけどよくわからないね
じゃあ父さんの親戚は？
だはははは！
陶子《とうこ》おばさんだ！父さんのお姉さん
陶子おばさんに連絡すればそっちの親戚全員に知らせてくれるよ
連絡先…どこかにあるかなあ
おそらく…わかります
ズッ
え？
家の電話はどこですか？
これですけど
ん――…
おっ？
きっとここにあります
わ――すごい！
昔ながらの電話帳！

年配の方の家では たいてい 昔からの電話帳を 使っているもの なんです
すごい！ 親戚みんな 載ってる！
助かったー
陶子おばさん、 名字なんだっけ？
小川だよ 離婚したから
あ～ そうだった！
あとは…近所の人と 同級生とか？ 母さん、いろいろ習い事 やっていたから 友だち多そうだけど
そうなの？
「俳句」 「山歩き」 「絵手紙」
絵手紙、 私ももらった
あと 「趣味の鑑識課」
はっ!?
指紋とか 足跡をとって 犯人の考察するの
ちょっと待って それを主婦が？ 趣味で？

テレビドラマの影響だって
そうなんだ…
うーん…
新しい友だちは電話帳には載ってなさそう…
あー、じゃあスマホでしょ！
バッグバッグ
あった！母さんのスマホ
ちゃらーーん♪
開かない…
パスワード知らなかった…
年配の方はたいていい…
誕生日ですよね
セキュリティー意識ゼロだわ
こういう時助かるけど

違った じゃあ 家の電話
それだ
違う
お父さんの誕生日？
違う
えー ちょっと貸してみて
もしかして…
2778 入れてみて
へえ？ 何の数字？
あっ!!
開いたー！ すごいじゃん、朋
さあなんの数字でしょうか？
姉ちゃんが生まれた時の体重だよーん
え…
たぶん銀行の暗証番号もこれだと思う
一度聞いたことがあって覚えてた
2778グラムだったのよ
ちっちゃー！

今また泣かさないでよ……!!
もぉー!
あった!! グループ「カルチャー」
それだ! 連絡しよう
10数人くらいかなぁ
では会葬者の人数は… 親戚の方15名 ご近所5名 同級生5名 カルチャースクールの友だち15名
ちょうど40名ですね
それくらいだと思います
ではまず祭壇を選んでいただけますか
お花がたくさんのやつがいいなぁ
そうだね
次はこちらのお棺のカタログです
お棺って何が違うんですか?
主に…飾りつけです
木目がそのままのシンプルなものはお値段もシンプルで…
美しく装飾したものはお値段も上がってきます

でも…どちらも燃やしちゃうんですよね？
はい 燃やします
火葬なので…
……
シンプルなタイプで！
わかりました
お料理を選んでください
これも真ん中のもので
うん これがいい
承知しました
なるほど こういうもので トータルの値段が変わってくるんですね
お坊さんの手配はどうしますか？ お願いできる方はいらっしゃいますか？
いいえ いないんですけど
私のほうで手配してよろしいですか？
はい お願いします

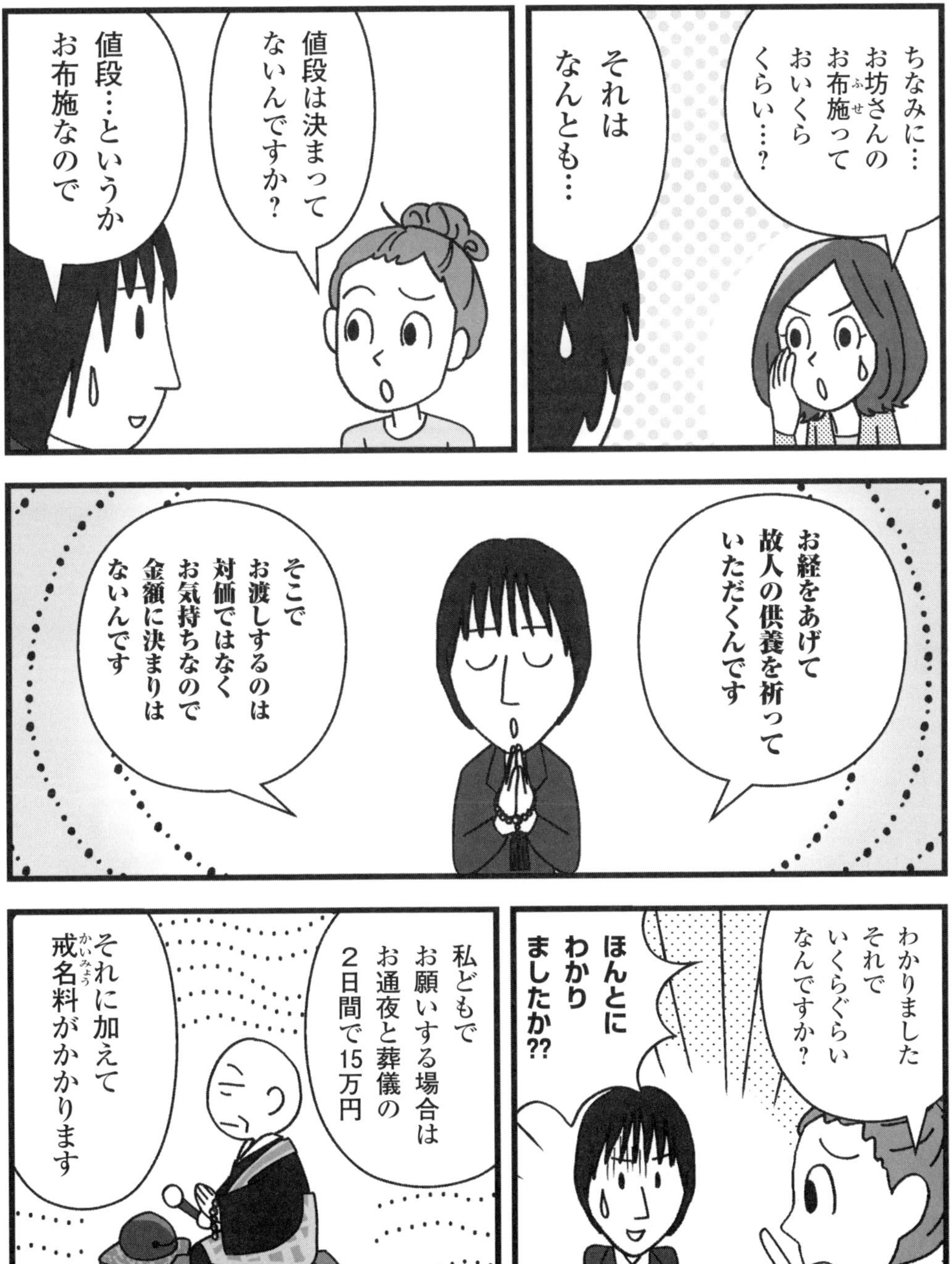
ちなみに…お坊さんのお布施《ふせ》っておいくらくらい…？
それはなんとも…
値段は決まってないんですか？
値段…というかお布施なので
お経をあげて故人の供養を祈っていただくんです
そこでお渡しするのは対価ではなくお気持ちなので金額に決まりはないんです
わかりましたそれでいくらぐらいなんですか？
ほんとにわかりましたか??
私どもでお願いする場合はお通夜と葬儀の2日間で15万円
それに加えて戒名《かいみょう》料がかかります

戒名料って？
亡くなってからの名前を戒名といいますお坊さんにつけていただきます
亡くなって改名したらお金がかかるの…？
えーー？
戒名にもいくつか種類があって料金も変わります
それ「地獄の沙汰も金次第」ってやつですよね
地獄、行かないですよね？お母さまは
戒名はお寺への貢献度で決まるのでどの位の名前がいい！というふうにはこちらからは言えないんです
お父様のお位牌を拝見できますか？
はい
日蓮宗ですね
そうなの？
位牌の文字に決まりがあるんです
○○院△△日▽信士
院号
戒名
道号
位号
この並びが違う…とか
へえー
全部合わせて35～45万くらいかと思いますよ
わかりました

お父様は「信士《しんじ》」ですから お母様も「信女《しんにょ》」で いいと思います
その場合は 2日間の出張費を 合わせて35万円 それとは別に 1日1万円 お車代がかかります
……
高っ！
今は戒名をつけず 俗名《ぞくみょう》のまま お経をあげて いただく人も多いです
いえ、信女で お願いします
姉ちゃん、太っ腹
とすると ここまでの 費用は…
◯通夜のお食事40名分 告別式のお食事 （親戚のみ）15名 葬儀関係で計120万
◯お坊さんの手配 （戒名料込み） 35万円＋お車代２万円
おおよそ157万……!!
姉ちゃん 頑張って！
頑張れば どうにか なるのかなあ…
ユラユラ

2-1 通夜・葬儀の詳細を決める

対象 全員
時期 当日もしくは翌日

決めることはたくさんありますが、基本的にはカタログをもとに選んでいけば大丈夫です

▼葬儀社との打ち合わせ

小川家では、母親が亡くなった翌日に通夜、翌々日に葬儀・告別式という日程なので、遺体を自宅に搬送したら、その日のうちに柳田さんと葬儀の詳細を決めていますが、日程に余裕があるときは、翌日あらためて葬儀社の方が自宅を訪れて打ち合わせます。

葬儀に向けて決めておきたいことを左にリストアップしてあります。たくさんあってこんがらがってしまうかもしれませんが、基本的には、カタログを見ながら葬儀社の方の質問に答えていくだけで、正式な見積もりまで流れ作業で進んでいきます。わからないことはどんどん質問して、納得して選ぶことが大切です。あとで後悔しないように、「こうしてほしい」という要望があれば、遠慮なく伝えましょう。

▼会葬者のおおよその人数を決める

会葬者は何人くらいを予定すればいいのでしょうか。長いあいだ親と離れて暮らしていた人は、そもそも誰に連絡をすればいいのか、それさえわからず困ってしまうかもしれません。

相談できる親戚がいるときは、誰に連絡すべきかを聞いて、場合によっては葬儀の世話役をお願いするといいでしょう。地元で頼れる存在がいれば、その人に声をかけることで、おおよその人数

●葬儀に向けて決めること　チェックリスト

□ 斎場の予約（通夜・葬儀の日程を決める）	通夜は葬儀の前日の夜（1時間程度）、葬儀・告別式は当日の午前中（1時間程度）が一般的。最近は葬儀に続いて初七日法要まで済ませるケースが多い。
□ 喪主	遺族を代表として葬儀を行う。故人の配偶者または子どもが務めるのが一般的。
□ 会葬者のおおよその人数	会場の規模と、料理の数を決めるため前日までに人数を確定。
□ 祭壇の種類	葬儀社のカタログより選択。
□ お棺の種類	葬儀社のカタログより選択。
□ 返礼品の手配	葬儀社のカタログより選択。会葬礼状の定型文も確認する。
□ 食事の種類	通夜での食事（通夜振る舞い）、火葬場での食事（軽食など）、初七日法要後の食事（精進落とし）の内容を決める。
□ 訃報の文面の確認と手配	通夜・葬儀の日時と場所を知らせる。定型文があるので、確認する。
□ 故人の遺影	遺影に使用する写真を選ぶ。デジタルデータがなくても、紙焼きでも可。
□ 葬儀の受付の手配	身内のみの場合は親族が行えばいいが、会葬者が数十名以上の場合は会社の人や近所の人などに依頼する。謝礼の目安は5000円程度。
□ 喪服の用意	あわてて駆けつけ礼服が間に合わないことも。その場合は葬儀社でレンタルできるか聞いてみる。子どもは制服で可。
□ 喪主の挨拶	葬儀・告別式が終わり出棺のときに会葬者に向けて喪主が挨拶する。葬儀社が定型文を準備していることが多いので、それを参考に当日までに考える。

が把握できるかもしれません。

また、故人が勤めていた会社にも忘れずに連絡を入れておきましょう。弔電《ちょうでん》やお花をいただいたり、当時を知る人が訪ねてくれたりするかもしれません。公務員の場合は、役所に連絡すると、関係者に情報を伝えてくれます。

各種の介護サービスを受けていたときは、ケアマネジャーに一報を入れると、関係者に連絡を回してくれます。

葬儀社の柳田さんが探してくれた「実家の電話帳」は、故人の情報の宝庫です。年齢的に、スマホや携帯電話に連絡先を登録している人はまだそれほどいないはずで、アナログの電話帳が一番の情報源になります。この電話帳は、親の財産目録を作成するときのヒントになる可能性もあります（銀行などの連絡先が見つかることもあります）。

COLUMN　訃報はできるだけ多くの人に知らせる

葬儀の負担を抑えるため通夜や葬儀を行わず、火葬のみ行う「直葬」や、家族だけで葬儀を行う「家族葬」も増えてきました。葬儀費用は葬儀の参列者の数によって変わるため、家族のみの参列にして費用を抑えたいという気持ちもわかりますが、葬儀費用は、相続財産からの控除の対象となりますし、葬儀で受け取る香典（非課税です）で葬儀費用の7〜8割をまかなえるケースがほとんどです。また、家族葬の後、訃報を知った故人の友人・知人が、自宅に弔問に訪れるとなると、その都度応対しなければなりません。

故人にお礼とお別れを言うのが葬儀の場。生前の親・家族にお世話になって、最後にお礼を言いたいという人は、あなたが思う以上に多いかもしれません。その意味でも、訃報は、「できるだけ多くの人」に知らせるのがいいという考え方もあります。

2-2 僧侶を手配する

対象 全員
時期 当日もしくは翌日

菩提寺がない場合、葬儀社に依頼すればお坊さんを手配してもらえます

▼お経をあげていただく

葬儀・法要のしかたは、宗教によって異なりますが、日本の葬儀は95%が仏式で行われているので、ここでは一般的な仏式の葬儀について紹介します。

仏式の葬儀では、僧侶（お坊さん）に来ていただいて、故人の供養のために、お経をあげていただきます。一定のリズムで唱えられる読経に耳を傾けていると、自然と厳かな気持ちになってきます。

菩提寺《ぼだいじ》（先祖代々のお墓があるなど、いつも葬式・法事をお願いしているお寺）が近所にある場合は、菩提寺に連絡し、お坊さんの派遣を依頼します。

菩提寺が遠方にある、またはわからない場合は、葬儀社に依頼することもできます。今は定額料金でお坊さんを派遣してくれるサービスもあるようなので、特にこだわりがない方は、インターネットで調べてみるといいでしょう。

▼事前に宗派を聞いておく

新たに依頼する場合、「曹洞《そうとう》宗」や「浄土真宗」などの「宗派」がわかってたほうが、スムーズに依頼できます。自分の家の宗派を知らない人は、実家に帰省したときなどに、それとなく聞いておくといいでしょう。

どうしてもわからないときは、葬儀社の方に相談してみてください。マンガに出てくるように、仏壇や位牌を見る人が見ると、宗派がわかる場合もあるようです。

▼戒名をつけてもらう

僧侶を手配する際、あわせて戒名《かいみょう》も依頼します。戒名とは、仏門に入ったことを表す名前で、死後の世界では故人は戒名で呼ばれることになるそうです。位牌やお墓に記されるのは戒名です。

戒名のつけ方は宗派によって異なるだけでなく、各宗派内でもいくつかのランクがあります。このランクによって、お布施の額も変わると言われています（数10万円～１００万円以上になることも）。

今は戒名を授からず、生前の名前（俗名《ぞくみょう》）のまお経をあげていただくケースも増えているそうです。その場合、通夜・葬儀の2日間、お坊さんに来ていただいて、10万～20万円くらいが相場のようです。

実は、私の母の葬儀のときは、当初「戒名なし」でお坊さんの手配をお願いしました。はじめてのことで気が動転していたこともあり、お金が足りるか全然わからなかったので、「戒名なしだと安くできます。今はそういう人も多いですよ」と葬儀社の方に教えてもらい、「では、それでお願いします！」と即決したのです。

しかし、当日、控室でお坊さんとお話しているときに、「戒名とは死後の名前で、戒名がないということは、死後の世界だと『名無しの権兵衛』ということなんです」と言われてハッとしました。

「すみません。今からお願いすることはできますか？」と聞いてみたところ、「今日のところは俗名でお経をあげておいて、後で戒名をつくって送るから、四十九日の法要のときまでに、戒名で黒い本位牌をつくれば大丈夫」ということだったので、その場であらためてお願いしたわけです。

▼お布施はいくらが妥当か

お坊さんへの謝礼を「お布施《ふせ》」といい、いくら包むかで悩む人も多いと思います。

菩提寺があるときは、檀家《だんか》としての立場によって金額が大きく異なります。年配の親戚がいるときは、過去の事例を参考に、どれくらいの金額がいいのか、率直に相談してみるといいでしょう。

お布施は戒名のランクによって変わりますが、先祖のお墓や位牌を見れば、戒名が「居士《こじ》」「大姉《だいし》」なのか、「信士《しんじ》」「信女《しんにょ》」なのか、わかるはずです。

● 戒名の種類とお布施の目安

戒名		金額
なし（俗名）	生前の名前のまま	10万～20万円
信士 信女	一般の成人が授かる名前	20万～30万円
居士 大姉	信仰が厚い人が授かる名前	30万～50万円
院居士 院大姉	お寺を建立するなど、仏教に貢献度の高い人が授かる名前	80万～ 100万円以上

※金額はあくまで目安です。葬儀社に確認してください

それと合わせるのか、合わせないのか。合わせなかったとして、それで故人に文句を言われないか。そのあたりを考えて、決めることになります。

　葬儀社に手配をお願いするときは、金額の目安を教えてくれるはずなので、予算との兼ね合いを見ながら、遺族のみなさんで相談してみてください。

　菩提寺に依頼する場合、お布施は葬儀後3日以内を目安に、お寺を訪ねて直接納める慣習があります。それ以外は葬儀後、**「お布施」**と表書きした袋に包んで渡すのが一般的です。

　お布施とは別に、1日あたり1万円を目安に**「お車代」**と、お食事を辞退されたときの**「御膳料」**（1万円程度）がかかります。

お布施・お車代・御膳料の書き方

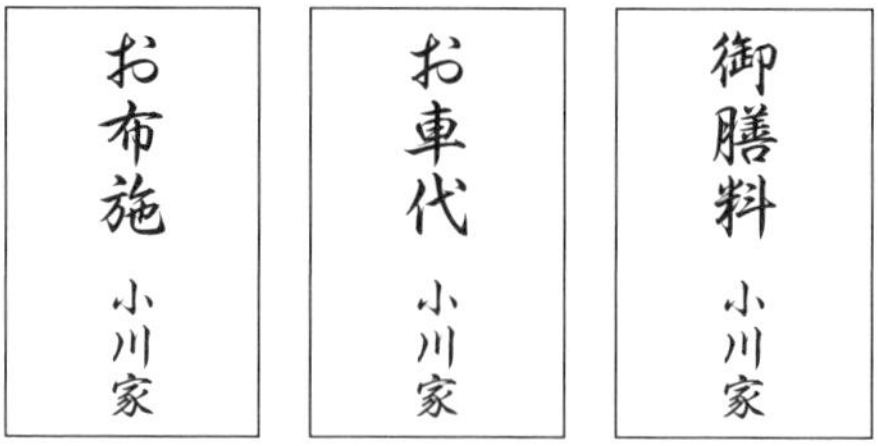

2-3 通夜・葬儀・告別式の流れ

対象 全員
時期 3日～7日程度

通夜・葬儀～火葬の大まかな流れを見ていきましょう

▼葬儀は淡々と進む

いよいよお葬式です。前日の通夜も、当日の葬儀・告別式も、その後の火葬も、遺族のみなさんは葬儀社や斎場の係の人の案内に従っていれば、特に難しいことはありません。

参考までに、私が経験した段取りを次のページで紹介します。

霊柩車《れいきゅうしゃ》の運転手や、火葬技師、食事の配膳係、休憩室の接待係など、葬儀にはさまざまな人が関わっていて、数千円の**「心付け」**（チップのようなもの）を渡す習慣がありますが、それも葬儀社の人が代わりに渡してくれるのが一般的なので、通夜・葬儀に集中できます。

▼通夜

通夜は葬儀・告別式の前日の夜に行います。死亡の翌日に通夜、さらにその翌日に葬儀・告別式を行うのが本来のあり方ですが、火葬場の混み具合によって、そうならないケースが増えているのは、第1章で述べたとおりです。

自宅で行う場合は、故人と縁の深い人が集まり、お別れを偲んで夜通し行うこともありますが、斎場で行う場合は1～2時間で済ませることがほとんどです。

喪主をはじめとする故人の家族は、通夜が始まる前に控室でお坊さんに挨拶します。故人の思い出話をするなどして時間を過ごします。

●通夜・葬儀日程表（例）

11月23日	15:00	移動・納棺	○○斎場にて納棺

【通夜】

11月26日	16:30	遺族・親族到着	到着後、控え室に移動
	17:50	式場内着席	
	18:00	開式	
		読経・焼香	
	19:00	閉式	
		通夜振る舞い	
	20:20	解散	式場の規定による

【葬儀】

11月27日	10:00	遺族・親族到着	遅くとも開式40分前に会場入り
	11:00	開式	
		読経	
		焼香	
		繰上げ初七日	
	11:45	お別れの儀	
	12:00	閉式・出棺	喪主の挨拶後、出棺
	12:10	荼毘	
	13:00	ご収骨	
	13:10	精進落とし	献杯の挨拶
	14:30	解散	解散後、自宅にて後飾り壇設営

※時間は前後する場合があります

通夜では、僧侶にお経をあげてもらった後、弔問客に対して食事を振る舞う（通夜振る舞い）のが一般的です。喪主は最後まで残り、弔問客に挨拶回りをします。

葬儀・告別式と繰り上げ初七日

「**葬儀**」は故人の冥福を祈り、死者を葬る宗教的な儀式のことで、「**告別式**」は親族や知人、友人が故人と最後のお別れをする会のことです。

名前が違うことでもわかるように、もともと分けて行われていたものが、今は続けて行われるようになりました（宗派によって違いがあります）。

さらに、故人が亡くなった日から数えて七日目に行われる「**初七日**《しょなのか》**法要**」も、最近では、葬儀の当日に済ませてしまうことが多く（「繰り上げ初七日」といいます）、どこからどこまでが何の儀式か、素人にはわかりにくいのですが、葬儀自体は淡々と進んでいきます。

出棺

焼香が終わり、棺を花で埋め尽くして蓋を閉じると、出棺です。

葬儀場と火葬場が離れている場合は、棺を霊柩車に載せ、遺族や近親者がバスなどに分乗して火葬場に向かいます。火葬場が併設されている斎場のときは、準備が整うまでのあいだ、いったん休憩室に移動して軽食などが振る舞われます。

出棺のときに、この2日間でほとんど唯一といっていい喪主の見せ場がやってきます。それが「喪主の挨拶」です。

参考までに、母が亡くなったとき、車椅子で参列した喪主の父に代わって私が読んだ挨拶文を、次のページに載せておきます。

前日の夜、スマホに書き込んだ挨拶文を読み上げた私は、不覚にも途中で泣き崩れてしまいました。後で叔父に「すみません。こらえきれませんでした」と謝ると、「いや、あそこで喪主が泣いてくれないと盛り上がらないんだよ」と慰め（?）られました。

▼火葬

火葬の準備が整うと、火葬場に移動し、荼毘《だび》に付します。その際「火葬許可証」（1－3参照）が必要ですが、葬儀社の方に任せておけば大丈夫です。

父を荼毘に付したとき、中で何かが引っかかってなかなか出てきませんでした。数人がかりで引っ張り出した結果、金属が引っかかっていたことがわかりました。そういえば、父は人工股関節をつけていたのです。

火葬後は骨上げ（収骨）を行います。第3章のマンガにあるように、骨の説明を受けるのがこのときです。骨は骨壷に入れられ、骨箱に収められます。こんなに小さくなっちゃって、と涙する瞬間です。箱には「埋葬許可証」も入っているので、お墓に納骨するときまで、そのままにしておきます。

この後、場所を移して精進落《しょうじんお》とし（会食）が行われます。精進落としの際も、喪主が会席者に挨拶を行うのが一般的です。

喪主の挨拶（例）

喪主である父・○○に代わって、みなさまにひとことご挨拶を申し上げます。私は、故人・××の次男・幸宏でございます。

本日は、ご多用中にもかかわらず、ご参列いただき、誠にありがとうございました。母もさぞ喜んでいることと思います。

2013年に父が脳梗塞で倒れて以来、母と二人三脚で父の介護を進めてきました。みなさまもご存じのとおり、主張のはっきりした母のことですから、時にはぶつかりながらも、お互いに歩み寄り、理解を深め合いながら、父にとって最善の方法を考え、今日まで実践してきました。

今回、母が病院に緊急入院したとき、私たち兄弟3人は久しぶりに病床で顔をそろえることができました。小さな体で子どもを3人育て上げ、見舞いに来た孫4人の顔を見た母は、意識を失う直前まで「本当に幸せな人生だった」と何度も何度も繰り返していました。

これからは兄弟3人力を合わせて父を支えて参ります。

母に対して寄せられましたみなさまのご厚情に、心よりお礼を申し上げます。

今後とも、母の生前同様のご指導・ご鞭撻をたまわりますよう、お願い申し上げます。

本日は誠にありがとうございました。

2-4 当座の現金を確保する

対象　必要な方のみ
時期　必要に応じて

葬儀前後は何かとお金がかかるので、余裕をもって準備しておきましょう

▼葬儀後に発生するさまざまな支払い

葬儀費用は、会葬者の人数、祭壇の飾り付け、僧侶への謝礼（お布施）によって大きく変わります。次のページに、主な費用をまとめておきます。

葬儀以外にも、故人が病院に入院していた場合は、入院費用がかかります。亡くなった当日は気が動転していて、会計どころではないはずなので、後日、病院から請求書が届きます。

スムーズに対応するために、当座の現金を確保しておくことをおすすめします。

手元に十分な現金があれば安心ですが、故人名義の口座を当てにしている方は注意が必要です。故人の預金口座は、死亡の時点（正確にいうと金融機関が死亡を知った時点）から、相続がまとまるまで凍結されてしまいます。その間、勝手に引き出すことはできません。

でも、実際には当座の費用をおろして使いたい人が多いはずです。そのときは、故人の口座にある現金でも、葬儀費用程度の金額（100万～150万円程度）なら引き出せることが多いようです。まずは取引のあった金融機関に相談しましょう。

なお、そのときは、使い込みを疑われないように、事前に兄弟姉妹など相続人の了解をとり、後日、死亡時点の「預金残高証明書」（6-5参照）を取得するといいでしょう。

葬儀にかかる主な費用（参考）

式場利用料	数万～数10万円	規模や式場によって異なる。家族葬向けのリーズナブルなものも増えている
祭壇	20万円～	金額は式場の広さに比例
棺	5万～30万円	一般的な合板棺や布貼棺は5～10万円程度。天然木を使用したものは数百万円超
遺影	1万～3万円	サイズや写真加工の有無によって異なる
骨壷	1万～数10万円	一般的な白覆いのものは1万数千円。分骨する場合は、専用の骨壷を準備する
寝台車	数万円	病院から自宅、自宅から式場への搬送にかかる。金額は距離によって変動
霊柩車	数万円	火葬場への搬送にかかる。車種によって1万5千円～5万円弱。マイクロバスを同行させる場合は3～4万円程度
火葬料	無料～5万円	公営の場合は無料、民営の場合は有料 ※指定区域外の住民の利用の場合は別料金の扱いとなる
ドライアイス	5千～1万円程度	遺体保存のために使用。季節によって使用量は異なる
火葬場休憩室利用	数千～2万円	広さによって異なる（無料の場合もある）
通夜振る舞い	3～6千円／人	料理の内容によって異なる
返礼品	数千円／人	内容によって異なる
位牌	1万～10万円	種類によって異なる

第3章

葬儀後すみやかに済ませること(～2・3週間)

STORY 3　怒涛の手続きラッシュ！

朋？
母さんの
本籍ってどこ？

柳田さんが
「いろいろ手続き、
届け出がありますから
落ち着いたら
進めてくださいね」
って言ってたやつは？
たいへんですが…
あ！　そうだ

たしか…ここらへんに
ガガササ
あった！通帳！カードと印鑑も入ってる
ヤッター!!
母さん、現金な娘でごめん
ほんとにすまん
これ、ふだん使ってる口座だ 年金の振込みとか、電気とかの引き落としも
こっちは生命保険
お葬式に…このお金使ってもいいかなあ？
いいよ私が許す！
……ありがとう
おひとりさま定期預金、くずさなくて済んだね よかった、よかった
はっはー
ムカ
ほんとに…

母さんが亡くなって2日目にお通夜
3日目にお葬式
親戚や母さんの友だち、近所の方がたくさん来てくださった
このたびは…
わたし、カルチャースクールで一緒の…
ああ！今日はありがとうございます
もし享子さんが亡くなった状況に不審な点があれば言ってくださいね
ぼくたちで調べますから…
「趣味の鑑識課」の人だな…
お通夜と葬儀の受付は朋の旦那さん、拓ちゃんの会社の方が引き受けてくれた
社宅住まいなのでふだんからご近所づきあいがよいそうで助かった
受付
お葬式が済み火葬場へ

火葬場から出てきた
母さんはすっかり
身軽になっていた
この一番
大きい骨が
大たい骨です
ほおー
係の人が骨の
説明をしてくれた
へんなの
母さん嫌がる
だろうなあ
恥ずかしいから
ヤメテー!!
くすくす
そして家に
戻ってきた
はあー
姉ちゃん

柳田さんが「いろいろ手続き、届け出がありますから落ち着いたら進めてくださいね」って言ってたやつは？
たいへんですが…
あ！　そうだ
これかな…？「世帯主変更届」「国民健康保険被保険者証の返納手続き」「介護保険被保険者証の返納」
「世帯主変更届」亡くなってから14日以内!?
えっ!?
見せて！
母さん、一人暮らしだったから「世帯主変更届」はいらないみたいよ
「国民健康保険保険証の返納」…保険証どこかにあったよね
保険証入れにあったよ！
「介護保険証」65歳以上だから持ってるはずだよね探してみよ
あとさー住民票とか謄本《とうほん》とか抄本《しょうほん》とか
いろんな手続きで必要だから何通か取っておいてって言ってたよ
うんまとめて取ってくる

それから えーと…
・国民年金受給者死亡届
・印鑑登録証の返納
・マイナンバーカードの返納
・運転免許証返納
※届けなくても失効する
・パスポート返納
※期限内のパスポートがある場合
あと、
・電気・ガス・水道
・NHK・新聞
・固定電話・携帯電話
・インターネット
・クレジットカードの名義変更や停止届け
さらに、
・生命保険
・傷害保険（オプションで葬儀費用の一部負担、死亡保険金など）
・個人年金など、個人で加入していた民間の保険の保険金請求
やめて やめて やめて〜
・葬祭費の申請（国民健康保険）
なにそれ？
これはお金もらえるんだって5万円！
それは絶対やります！

やっかいなことに
それぞれ受付の
場所が違うよ
○市区町村役場
健康保険証と印鑑登録証、
マイナンバーカードの返納、
除籍謄本、住民票除票の取得、
葬祭費の申請
○年金事務所
国民年金受給者死亡届
○警察署
免許証返納
○パスポートセンター
パスポート返納
いじわるなの!?
誰がよ？
・お母さまの印鑑
・華さんの実印
・華さんの運転免許証
・お母様の除籍謄本（全部事項証明書）
・お母様の住民票（除票）
・華さんの戸籍謄本
・華さんの住民票
これらは何かと
必要なので手続きの
ときには持っていたほうが
いいです
柳田さんが
いてくれて
ホントに助かる…
はァー
でも私、
戸籍謄本とか
抄本とか
違いがぜんぜん
わからないのよね…
ブゥーー…
出口
コミュニティ
トラバス

市役所
えーとじゃあまず
除籍謄本?
から行くか…
戸籍受付窓口
戸籍窓口…
すみません
母が亡くなりまして…
はいー
こちらの書類に必要事項を記入してください
はい
ん?
母さんの本籍…
本籍??
朋?
母さんの本籍ってどこ?
今住んでるとこじゃないの?
あ、じゃあ先に住民票をとってみなよ
本籍書いてあるはず!
そうか!

よし、住民票、住民票
住民票の申請書類…とあった！
住民票に
300円
「本籍は記載しますか？」
よし！これだ！
お願いします
只今の待ち時間 30
27 30 18 22
25 19
お渡し
あれ？
母は亡くなったんですけど…
普通の住民票ですね？
え？いつお亡くなりになったんですか？
3日前です

死亡届が提出されてからだいたい5日から1週間くらいで戸籍に反映されます
え？
…ということは
今日はもらえない？
ですね
絶対？
すみません…
あ、よろしければこちらをお持ちください
死亡関係の手続きに関する市役所の窓口一覧
ビリビリッ
落ち着け…まずは本籍がわかっただけで一歩前進だ

ゴゴゴ
ゴゴゴ
次回来た時に
書類全部
回収してやる
というか…
来週の平日に
また来なきゃ
いけないのか!!
くーっ!
※除籍謄本や
住民票（除票）がないと
民間の保険関係の請求も
未支給年金の請求もできません
翌週の平日
再び市役所
とりあえず区役所で
自分の戸籍謄本と住民票を
3通ずつ取ってきた!
今日は全部
済ませるわよ!!
メラ〜
メラ〜ー

①戸籍窓口で
除籍謄本（750円）を3通取得
テキパキ
除籍謄本の
使用目的の欄は
「年金」にチェックを
入れておくと
1通分無料に
なりますよ
なんとお得な
小ワザ!!
※除籍謄本1通750円だが、
年金の資格停止届けのための
戸籍謄本は無料でくれる
②住民票窓口で
住民票除票（300円）を3通取得
3つください!!
サササッと!!
③続いて国保・年金窓口で
国民健康保険保険証を返納
お返し
します!!
④同じく、国保・年金窓口で
「葬祭費」の申請書類をもらう
葬祭費くだ
さーい!!
以上、
役所での
書類関係は
ここまで!!
私の圧勝で
あろう!!

後はひたすら電話をかけるべし!!
ハアーー
①年金事務所に電話
「死亡届の書類と、未支給年金の請求の書類を送ってください」
②電気ガス水道、電話などは、家の中で請求書類を探してとにかく電話
※登録番号がわかったほうが早いが、わからなくても、「母親が亡くなりまして、使用を止めたいんです」または「名義を娘の私に変えたいんです」と言えば、住所や電話番号、親の生年月日などから調べてくれる
③保険やクレジットカードなどは、預金通帳を見て、支払いや引き落としがあるところにはすべて電話
ピポパポピポポ
※これも、契約者番号がわからなくても事情を説明すればＯＫ手続きに必要な書類を送ってくれる
うあーー!!
華のマンション
数日後
姉ちゃん、実家に病院と葬儀社から請求書が来たよ～
ここまで済めば…ひと息つけるか…？

3-1 除籍謄本と住民票を取得する

対象 全員
時期 すみやかに

手続きラッシュに備えて、必要なものを準備します

▼手続きラッシュが始まる

葬儀が終わり、お骨を持って帰宅すると、それまで張り詰めていた心にぽっかり穴が開いて、抜け殻になってしまうかもしれません。

せめてその日だけは、故人の思い出に浸ってゆったりと過ごすといいでしょう。これから怒涛の手続きラッシュが始まるからです。

大切な人が亡くなった後、すみやかに（だいたい2週間程度、遅くても1か月くらいで）終えたい手続きは、①役所関係、②年金関係、③公共料金などの解約・名義変更、④民間の保険関係、⑤銀行への届け出、に大きく分かれます。

特に実家と離れて暮らしている人は、①の役所関係の手続きはできるだけまとめて済ませたいものです。市区町村役場は平日しか開いていないので、働いている人は有給休暇を使って手続きを進めることになります。

▼「除籍謄本」と「住民票（除票）」

役所に真っ先に提出するのは「死亡届」ですが、これはすでに（葬儀社が代行して）提出済みなので、みなさんが故人の住んでいた市区町村役場に行って最初に取得するのは、故人の「**除籍謄本**《とうほん》（**除籍全部事項証明書**）」と「**住民票（除票）**」です（それぞれ生きている人の「戸籍謄本」「住民票」に当たります）。

● さまざまな手続きで必要となる共通書類

名称	費用	必要枚数	注意事項
故人の 除籍謄本	750円	4〜5通	
故人の 住民票（除票）	300円前後	2〜3通	
故人の 改製原戸籍謄本	750円	1通	
手続きする人の 戸籍謄本	450円	4〜5通	未婚の場合は故人の除籍謄本で代用可
手続きする人の 住民票	300円前後	4〜5通	同居の場合は故人の住民票（除票）で代用可
手続きする人の 印鑑登録証明書	300円前後	2〜3通	
手続きする人の 本人確認書類	—	—	運転免許証など （写真入りが望ましい）
故人の 印鑑	—	—	同じ名字の2種類印鑑が必要なことも。認印も可
手続きする人の 印鑑（実印）	—	—	登録した実印

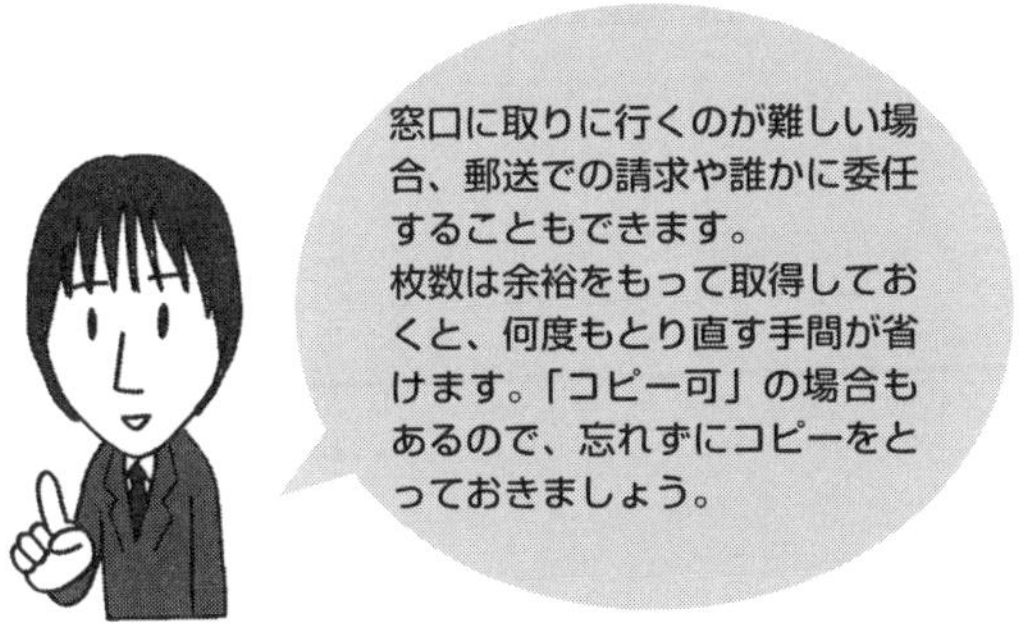
窓口に取りに行くのが難しい場合、郵送での請求や誰かに委任することもできます。
枚数は余裕をもって取得しておくと、何度もとり直す手間が省けます。「コピー可」の場合もあるので、忘れずにコピーをとっておきましょう。

申請用紙は「戸籍謄本」も「除籍謄本」も同じなので、備え付けの用紙に必要事項を記入して申し込みます（申請用紙の体裁は自治体によって異なります）。

似たような名前の書類に「除籍抄本《しょうほん》（除籍個人事項証明書）」がありますが、必要なのは、たいてい全員分の情報が記載されている「除籍謄本」と、世帯全員分の情報と本籍が記載されている「住民票（除票）」です。「大は小を兼ねる」ので、最初から全部記載されているものを取得しましょう。

▼本籍がわからないときは

謄本をとるには本籍が必要ですが、本籍がわからないときは、華がやったように先に住民票をとるか、戸籍の窓口で**「本籍がわからないのですが」**と相談すると、申請者の身元を確認したうえで教えてくれる場合もあるようです。

これらの書類は年金や保険、銀行での手続きで必要になるほか、後で紹介する相続でも必要なので、余分に取得しておくことをおすすめします。

取得には1通ごとに数百円の手数料がかかりますが、**申請書の使用目的欄に「年金」と明記しておくと、1通分は無料**になります。それ以外の使用目的は「生命保険請求」「名義変更手続き」などと書いておけばいいでしょう。

▼「改製原戸籍謄本」

相続手続きで相続人（配偶者と子ども。一人親のときは子どものみ）を確定するときに、**「改製原戸籍謄本」**が必要になります。「改製原戸籍謄本」は法改正によって新しい戸籍がつくられる前の戸籍です。生命保険請求（3－11参照）でも提出を求められるケースがあるので、念のため1通取得しておくと安心です。

▼親の手続きを代行する場合

両親のうちのどちらかが亡くなり、残された高齢の親に代わってみなさんが手続きをする場合は、各種の証明書を取得するのに**「委任状」**が必要なケースがあります。何度も通わなくて済むように、事前に市区町村役場のホームページなどでチェックしておきましょう。

同様に、片方の親が存命中は、親の**「印鑑登録証明書」**が必要なケースもありますので、何通か取得しておくといいでしょう。

▼親と離れて暮らす場合

親と同居している場合は以上ですが、みなさんが親と別の住所に住んでいるか、同居していても結婚して戸籍を別にしているときは、みなさん自身の**「戸籍謄本」「住民票」「印鑑登録証明書」**が必要になります。自分が居住している市区町村役場に行って、何通かとっておくといいでしょう。

▼名義変更・相続関係の必須アイテム

柳田さんが説明しているように、故人の**「除籍謄本」「住民票（除票）」**と印鑑（実印でなくても可）、自分の**「戸籍謄本」「住民票」「印鑑登録証明書」**と登録されている**実印**、**運転免許証**（または写真入りのパスポート、障害者手帳など）は何かと必要になるので、二度手間、三度手間を避けるために、手続きのときはいつも手元に持っておくといいでしょう。

3-2 世帯主を変更する

対象 該当者のみ
時期 2週間以内

死亡から14日以内に届け出ます

▼世帯主が亡くなった場合

ここからは、役所で行う手続きをざっと紹介します。何度も通わなくていいように、できるだけ1回にまとめて済ませてしまいましょう。

住民票の世帯主が亡くなり、別の人が世帯主になる場合、**「世帯主変更届」（住民異動届）**を提出します。たとえば、世帯主の父親が亡くなり、残された母親ではなく、同居している子どもが世帯主になる場合は手続きが必要です。

しかし、残された家族が1名で世帯主が明らかな場合や、母と幼い子どものように世帯主が明らかである場合、また小川家のように、一人暮らしの人が亡くなり、同居していた家族がいない場合、届け出は不要です。

世帯主変更届は、**故人の死亡から14日以内に提出する必要があります。**

見せて！
母さん、一人暮らしだったから「世帯主変更届」はいらないみたいよ

世帯主変更届（住民票異動届）

届出先	故人が住んでいた市区町村役場の窓口
届出人	新たに世帯主になる人または同一世帯の人（代理人も可）
必要なもの	□ 国民健康保険証、介護保険証など □ 本人確認書類（運転免許証など） □ 印鑑 □ 委任状（代理人の場合）など

世帯主変更届（住民異動届） 見本

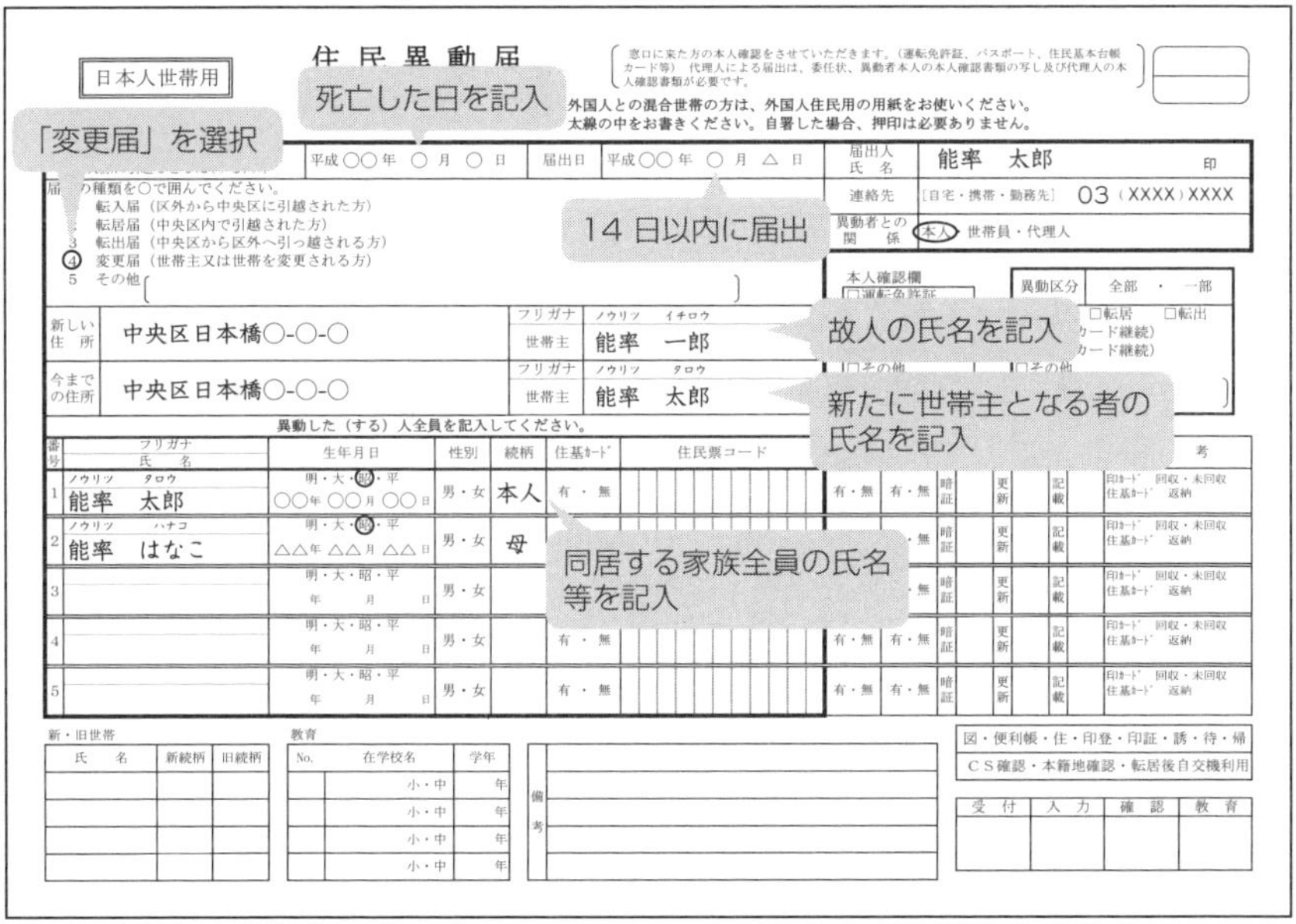

住民異動届
日本人世帯用
死亡した日を記入
「変更届」を選択
14日以内に届出
故人の氏名を記入
新たに世帯主となる者の氏名を記入
同居する家族全員の氏名等を記入
4 変更届（世帯主又は世帯を変更される方）
中央区日本橋○-○-○
能率 一郎
能率 太郎
能率 はなこ
03（XXXX）XXXX

3-3 健康保険証を返納する

対象 全員
時期 2週間以内

手続きは数分で終わりますので安心してください

▼保険資格喪失手続き

死亡の翌日から、健康保険証（被保険者証）は使用できなくなりますので、資格喪失の手続きおよび健康保険証の返納を行います。

加入していた保険が国民健康保険（または後期高齢者医療制度）かそれ以外（会社員の場合など）によって手続き方法が異なります。

▼国民健康保険・後期高齢者医療制度の加入者の場合

国民健康保険の被保険者（農林水産業従事者や自営業者、退職者など）が亡くなった場合、**「国民健康保険資格喪失届」**を市区町村役場の窓口に提出するとともに、健康保険証を返納します。

また、被保険者が75歳以上だった場合（または65～74歳で障害のある方の場合）は、**「後期高齢者医療資格喪失届」**を提出し、健康保険証を返納します。

といっても難しいことは何もなく、役所の国保・年金関係の窓口に行って「母が亡くなったんですけど」などと言えば、書類を持ってきてくれるので、そこに必要事項を記入して、保険証を返すだけです。

手続きは数分で終わります。

なお、世帯主が亡くなり、家族が国民健康保険に加入していた場合、健康保険証返納の際に、新しい健康保険証の発行を受ける必要があります。その際は、世帯主変更の手続き（3－2参照）が必要です。

▼会社員など（健康保険加入者）の場合

亡くなった方が現役で働いていて、健康保険組合に加入していた場合は、**「健康保険・厚生年金保険被保険者資格喪失届」**を**年金事務所**に提出します。ただし、その場合は、会社が退職手続きとともに、こうした手続きを行ってくれることが多いので、まずは勤務していた会社に確認をとるとよいでしょう。

会社員の場合は、健康保険証も、会社に返納するのが一般的です。

●国民健康保険・後期高齢者医療保険証の返納方法

返納先　故人が住んでいた市区町村役場の窓口

提出物
- □ 国民健康保険資格喪失届（または後期高齢者医療資格喪失届）
- □ 国民健康保険被保険者証（または後期高齢者医療被保険者証）
- □ 国民健康保険高齢受給者証（該当者のみ）
- □ 死亡を証明する戸籍謄本など
- □ 世帯主の印鑑
- □ 本人確認書類（運転免許証など）　など

●それ以外の健康保険証の返納方法

勤務先に確認する

3-4 葬祭費・埋葬料を申請する

対象 該当者のみ
時期 2年以内

▼保険資格喪失手続きのついでに

実際に行われた葬儀・埋葬に対して、加入していた健康保険より、「葬祭費」「埋葬料」が支給される制度があります。

▼国民健康保険・後期高齢者医療制度の加入者の場合

「葬祭費」の申し込みは、葬儀を行ってから2年以内に手続きをすればいいので、比較的余裕がありますが、役所の窓口に「健康保険証」を返納するときに、合わせて申請書をもらってくると便利です。

申し込みには、葬儀の領収証のコピーなどが必要なので、実際に申し込むのは、葬儀社への支払いが済んで、領収書を受け取ってからになります。

支給される金額は**3～5万円程度**です（地域や加入していた制度によって異なります）。

●葬祭費の申請

申請先

故人が住んでいた市区町村役場の窓口

申請できる人

葬儀を行った喪主など

期限

葬儀の翌日から２年以内

必要なもの

- □ 葬儀の領収証のコピー
- □ 印鑑　など

▼会社員など（健康保険加入者）の場合

故人が会社の健康保険に加入していた場合は、埋葬を行った人に対して**「埋葬料」**として**一律5万円**が支給されます。

埋葬料の支給の対象となるのは、故人によって生計を維持されていて（被保険者によって生計の全部または一部を維持されている人）で埋葬を行った人です。対象者がいない場合は、実際に埋葬を行った人に対して、**「埋葬費」**（**埋葬料5万円の範囲で実際にかかった費用**）が支給されます。

なお、退職後に亡くなった場合でも、退職から3か月以内なら埋葬料（埋葬費）の申請が可能です。また、被保険者の家族が亡くなった場合は、家族埋葬料として被保険者に対して5万円が支給されます。

手続きのしかたは、勤務先に確認してください。

● 埋葬料・埋葬費の申請

申請先

故人の勤務先（または勤務先の管轄の年金事務所、健康保険組合など）

申請できる人

埋葬を行った人

期限

埋葬料…死亡した日の翌日から２年以内
埋葬費…埋葬を行った日の翌日から２年以内

必要なもの

- ☐ 葬儀の領収証のコピー
- ☐ 印鑑　など

業務上の事故などで亡くなった場合、埋葬料は労災から支給されます。申請方法は故人の勤務先に確認してください。

3-5 介護保険証を返納する

対象 該当者のみ
時期 14日以内

▼65歳以上の場合または要介護認定を受けていた場合

故人や65歳以上の場合、または40~64歳で要介護認定を受けていた場合、介護保険の被保険者証が交付されます。

被保険者が亡くなった場合は、**死亡後14日以内**に、**「介護保険資格喪失届」**を提出するとともに、被保険者証を返納します。

なお、手続きは、故人が住んでいた**市区町村役場の窓口**で行います。

これも窓口で用紙をもらって保険証を返すだけなので、数分で終わります。

● 介護保険被保険者証の返納

返納先

故人が住んでいた市区町村役場の窓口

申請できる人

故人の家族、世帯主など

申請期限

故人の死亡後、2週間以内

必要なもの

- □ 介護保険資格喪失届
- □ 介護保険被保険者証
- □ 印鑑　など

3-6 運転免許証などを返納する

対象 該当者のみ
時期 すみやかに

▼印鑑登録証、マイナンバーカードなどの返納

ここまで述べたもの以外に、市区町村役場でまとめて手続きできるものやその他の返納方法を紹介します。

故人が印鑑登録をしていた場合は、**「印鑑登録証」**を**住民票窓口**に返納します。書類での届け出は不要です。

故人の**「マイナンバーカード」**も**住民票窓口**で返納します。手続きには、故人の死亡の事実が確認できる書類（死亡診断書のコピーなど）が必要です。なお、返納せずに身内で管理・処分することもできます。

故人の**「身体障害者手帳」**は**保健福祉関係の窓口**で返納します。

▼運転免許証、パスポートの返納

故人の**「運転免許証」**は、**最寄りの警察署**に返納します。手続きには、故人の死亡の事実が確認できる書類（死亡診断書のコピーなど）が必要です。返納しなくても、更新手続きを行わない限り、免許証は自動的に失効します。

故人の**「パスポート」**は、**最寄りのパスポートセンター**に返納します。手続きには、故人の死亡の事実が確認できる書類(死亡診断書のコピーなど）が必要です。なお、パスポートの有効期限が切れている場合は、死亡が確認できる書類は不要です。

3-7 姻族関係を終わらせる

対象 該当者のみ
時期 期限なし

配偶者を亡くした方を対象にした手続きです

▼配偶者の親族との姻族関係を終了したい場合

ここまでは主に、親を亡くした子の立場で見てきましたが、夫を亡くした妻（妻を亡くした夫）の立場での手続きを、ここで2つ紹介します。

夫が亡くなった場合など、配偶者の死亡によって、婚姻関係は解消となりますが、配偶者との姻族関係はそのまま続くことになります。

姻族関係が続くことで、配偶者の親族の扶養義務などを負う可能性があるのです。

そこで、配偶者は**「姻族関係終了届」**を提出することで、配偶者の親族との姻族関係を終了させることができます。

● **姻族関係終了届の提出**

提出先

届出人の本籍地や居住地の市区町村役場の窓口

提出できる人

配偶者本人

必要なもの

- □ 亡くなった配偶者の死亡事項の記載がある戸籍謄本
- □ 印鑑　など

姻族関係終了届提出後も、氏は変更しません。
氏を変更したい場合は、次ページで解説する「復氏」の手続きが必要です。

3-8 婚姻前の名字に戻す

対象 該当者のみ
時期 期限なし

▼婚姻前の名字に戻したい場合

婚姻の際に、名字を変更した者が旧姓に戻す場合、「復氏届」の提出が必要です。「復氏届」を**市区町村役場**に提出することで、手続きを行います。

▼子どもの名字を変更する場合

子どもの名字を変更する場合は、別の手続きが必要です。まず、家庭裁判所に「**子の氏の変更許可申立書**」を提出し、許可審判を受けたうえで、子どもを自分の籍に入れる「**入籍届**」を市区町村役場に提出します。

この二段構えの手続きによって、残された配偶者と子が同じ戸籍に入ることになります。

子の名字の変更には二段階の手続きが必要です

●名字の変更

○復氏届の提出

提出先	届出人の本籍地や居住地の市区町村役場の窓口
提出期限	なし
必要なもの	□ 戸籍謄本 □ 婚姻前の戸籍謄本 □ 印鑑　など

子どもの名字の変更

○子の氏の変更許可申立

申請先	子の居住地の家庭裁判所
必要なもの	□ 申立書 □ 子の戸籍謄本 □ 父母の戸籍謄本　など

○入籍届の提出

提出先	子の本籍地や 届出人の居住地の市区町村役場の窓口
必要なもの	□ 子の氏変更許可の審判書 □ 子の戸籍謄本と入籍先の戸籍謄本 □ 印鑑　など

3-9 年金受給を停止し、未支給年金を請求する

対象 該当者のみ
時期 すみやかに

未支給年金を請求できる人の範囲は限られます

▼年金受給の停止

役所関係の手続きは以上です。ここから年金関係の手続きに移ります。今度の舞台は最寄りの年金事務所ですが、電話と郵送のみですべての手続きを終えることもできます。

故人が「国民年金」や「厚生年金」を受給していた場合、**「年金受給権者の死亡届」**の提出（年金受給を停止する手続き）が必要です。

最寄りの年金事務所に電話すると、「死亡届」の用紙を送ってくれるので、必要事項を記入して、年金証書（見つからなかった場合でも手続きできます）や故人の除籍謄本や住民票（除票）などとともに返送します。

故人が「共済年金」を受給していた場合の連絡先は、**共済組合事務所**です。

年金は、年6回、偶数月の15日に前2か月分が支給されます（たとえば、8月15日に6月、7月分の2か月分が支給されます）。

停止の手続きが遅れ、死亡後の年金が支給されてしまうと、返金の義務が生じるので、すみやかに手続きを行いましょう（手続きをせず、死亡後も年金を受給し続けるのは違法です）。

▼未支給年金の請求

年金は死亡した月まで受け取れるので、まだ支払われていない年金がある場合は、請求すること

ができます（たとえば、6月中に亡くなった場合、1か月分の年金が支払われます）。

未支給年金を受け取れるのは、**故人と生計を同じくしていた遺族**のうち、①**配偶者**、②**子**、③**父母**、④**孫**、⑤**祖父母**、⑥**兄弟姉妹**、⑦**それ以外の3親等以内の親族**、のいずれかです（数字は受け取れる順位を示します）。

華は年金事務所に電話して、「死亡届」と「未支給年金の請求書」を取り寄せていますが、おそらく未支給年金を受け取ることができません。というのも、亡くなった母親は一人世帯で、**「生計を同じくしていた」**人はいないからです。

● 未支給年金の請求方法

請求先

最寄りの年金事務所（電話で連絡）

必要なもの

- ☐ 未支給（年金・保険給付）請求書
- ☐ 年金受給権者死亡届（報告書）
- ☐ 故人の年金証書
- ☐ 死亡の事実を明らかにできる書類（死亡診断書のコピーなど）
- ☐ 故人と請求者との身分関係を証明できる書類（故人の除籍謄本、請求者の戸籍謄本）
- ☐ 故人の住民票（除票）と請求者の世帯全員の住民票
- ☐ 受け取りを希望する金融機関の通帳（コピー可）　など

COLUMN 「生計を同じくしていた」の範囲

住民票上の住所が異なっていても、日常生活をともにし、家計をひとつにしている事実が証明できれば、受給資格が生じます。

たとえば私は、実家から自転車で5分のところに住んでいましたが、週に何度か介護に通い、衣類やお弁当などの費用を負担していました。母が亡くなった後は、父の銀行口座を管理し、介護費用もそこから捻出していたので、受給資格があると判断して年金事務所に相談したところ、「生計同一関係に関する申立書」が送られてきました。その書類に先ほどの事実を記入して、生計を同じくしていた事情を知る第三者（担当ケアマネジャーが所属する会社にお願いしました）の署名・捺印をもらったうえで、必要な書類とともに返送したところ、支給が認められました。

こうしたケースもあるので、迷った場合は窓口で相談することをおすすめします。

▼国民年金基金・厚生年金基金を受給していた場合

故人が国民年金（いわゆる年金の1階部分）や厚生年金（2階部分）に加えて、「国民年金基金」や「厚生年金基金」（3階部分）を受給していた場合、通常の年金と同様に**「受給資格停止」**の手続きをとる必要があります。

国民年金基金の場合は**国民年金基金連合会**に、厚生年金基金の場合は**各年金基金事務所**に電話をかけて、届け出に必要な書類を取り寄せます。

細かい話ですが、年金基金の場合は、住民票上の住所が違えば自動的に受給資格が消滅するようです。気になる人は念のため相談してみるといいでしょう。

年金受給権者死亡届（報告書） 見本

様式第５１５号の１

国民年金・厚生年金保険・船員保険・共済年金
受給権者死亡届（報告書）（副）

ＢＣ

年金手帳に記載のある番号を記入する

故人に関する情報を記入する

届出をする人の情報を記入する

死亡した受給権者	❶ 年金証書の基礎年金番号および年金コード	基礎年金番号 9999123456	年金コード（複数請求する場合は右の欄に記入） 1150 / 5350
	❷ 生年月日	明治(1)・大正(3)・昭和(5)・平成(7)	10年 04月 03日
	❸ 氏名（フリガナ）	（氏）能率《ノウリツ》	（名）はなこ《ハナコ》
	❸ 死亡した年月日	昭和・平成	××年 ××月 ××日

届出者	❹ 氏名（フリガナ）	（氏）能率《ノウリツ》（名）太郎《タロウ》 ㊞	❺続柄 子 ／ ※続柄
	❻ 未支給 有 無	❼ 郵便番号 ×××－××××	㋑ 電話番号 03－1234－5678
	❽（フリガナ）住所	※住所コード	中央《チュウオウ》 市区町村 日本橋《ニホンバシ》○-○-○

死亡された方

◎「記入上の注意」などをよく読んでから記入してください。
◎年金証書の基礎年金番号・年金コードが不明なときは、年金事務所の窓口でご相談ください。
◎「※」印欄は、記入しないでください。

◎ 未支給の年金・保険給付を請求できない方は、死亡届（報告書）（正）と（副）のみ記入してください。

◎ 死亡届のみを提出される方の添付書類

1．死亡した受給権者の死亡の事実を明らかにすることができる書類
（住民票コードが収録されている方については不要です）
・住民票除票
・戸籍抄本
・死亡診断書（コピー可）　　などのうち、いずれかの書類

2．死亡した受給権者の年金証書
年金証書を添付できない方は、その事由について以下の項目に○印を記入してください。

（事由）

㋐ 廃棄しました。	（　年　月　日）
イ、見つかりませんでした。今後見つけた場合は必ず廃棄します。	
ウ、その他	（　　）

㋕ 備考	

平成　年　月　日　提出

市区町村 受付年月日　　年金事務所 受付年月日　　日本年金機構本部 受付年月日

年金事務所記入欄	
※遺族給付同時請求	有（上）・無
※未支給請求	有・無

4　　1404 1018 006 (26.4)

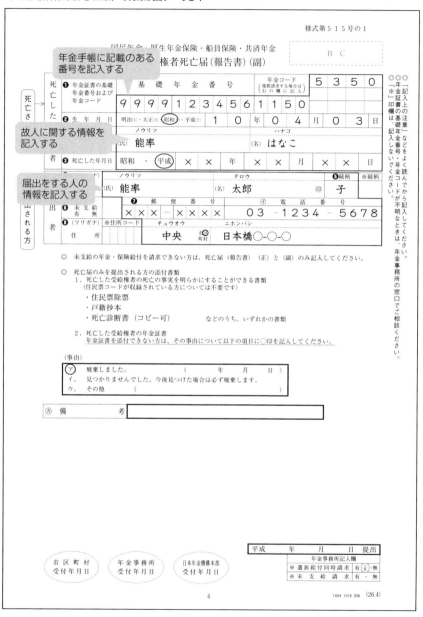

未支給【年金・保険給付】請求書 （見本）

様式第514号

二次元コード

国民年金・厚生年金保険・船員保険・共済年金
未支給【年金・保険給付】請求書

（年金手帳に記載のある番号を記入する）

45	46			
死亡した者	❶ 年金証書の基礎年金番号および年金コード	基礎年金番号 9999123456 1150	年金コード（複数請求する場合は右の欄に記入）	5350
	❷ 生年月日	明治・大正・(昭和)・平成	10年 04月 03日	
	(フリガナ)	(氏) ノウリツ 能率	(名) ハナコ はなこ	
	❸ 死亡した年月日	昭和・(平成)	××年 ××月 ××日	

（故人に関する情報を記入する）

死亡した方が共済組合等で支給する共済年金を受けている場合で、併せて未支給年金（未済の給付）の請求を行う場合は、右欄に☑を行ってください。 □

（届出をする人の情報を記入する）

請求者				
(フリガナ) 氏名	(氏) ノウリツ 能率	(名) タロウ 太郎 ㊞	❺続柄 子	※続柄
❼ 郵便番号	×××−××××	㋑ 電話番号	03−1234−5678	
❽ (フリガナ) 住所	※住所コード	チュウオウ 中央 市(区)町村	ニホンバシ 日本橋○-○-○	
㋒ 年金受取機関	①金融機関（ゆうちょ銀行を除く） 2. ゆうちょ銀行（郵便局）	(フリガナ) 口座名義人氏名	ノウリツ タロウ 能率 太郎	
年金送金先 金融機関	金融機関コード ※ / 支店コード ※	(フリガナ) コウオツ 甲乙 銀行・金庫・信組・信連・農協・漁協・信漁連	(フリガナ) チュウオウ 中央 (本店)・支店・出張所・本所・支所	預金種別 ①普通 2.当座 / 口座番号（左詰めで記入） ×××××××
ゆうちょ	貯金通帳の口座番号 記号（左詰めで記入） / 番号（右詰めで記入）		金融機関またはゆうちょ銀行の証明 ※ 請求者の氏名フリガナと口座名義人氏名フリガナが同じであることを確認してください。 印	

（他の受給権者の状況について選択する）

㋓ 受給権者の死亡当時、受給権者と生計を同じくしていた次のような人がいましたか。

配偶者	子	父母	孫	祖父母	兄弟姉妹	その他3親等内の親族
いる・(いない)	(いる)・いない	いる・(いない)	いる・(いない)	いる・(いない)	いる・(いない)	いる・(いない)

㋔ 死亡した方が三共済（JR、NTT、JT）・農林共済年金に関する共済年金を受けていた場合に記入してください。
死亡者からみて、あなたは相続人ですか。（相続人の場合には、続柄についても記入してください。） はい・いいえ （続柄　　）

㋕ 備考

㋖ 別世帯となっていることについての理由書
（請求者が配偶者または子の場合であって、住民票上世帯を別にしているが、住所が住民票上同一であるとき）
上記の請求者は、受給権者の死亡当時、次の理由により住民票上世帯を別にしていたが、その者と生計を同じくしていたことを申立します。（該当の理由に○印をつけてください）
請求者氏名 ㊞
理由 1. 同じ住所に二世帯で住んでいたため。
2. その他

（別世帯の方で配偶者または子が請求する場合は記入する）

死亡した受給権者と請求者の住所が住民票上異なっていた場合は「別居していることについての理由書」などが必要となります。（用紙は「ねん…」所などに問い合わせしてください）
詳しくは1ページの未支給【年金・保険給付】の請求を行う際に添付しなければならない書類」をご覧ください。

平成○○年○○月○○日 提出

市区町村 受付年月日　　実施機関等 受付年月日

年金事務所記入欄	
※遺族給付同時請求	有(上・外)・無
※死亡届の添付	有・無

◎「記入上の注意」などをよく読んでから記入してください。
◎年金証書の基礎年金番号・年金コードが不明なときは、年金事務所の窓口でご相談ください。
◎「※」印欄は、記入しないでください。

（死亡された方）（請求される方）（別世帯の方で、配偶者または子が請求される方）

1510 1018 021 (27.10)　　3

3-10 公共料金などを解約・変更する

対象 該当者のみ
時期 すみやかに

通帳とカードの利用明細を手がかりに手続きを行います

▼口座凍結で自動引き落としがストップ

一人暮らしの親が亡くなった場合、実家が賃貸住宅ならすみやかに片付けて引っ越し（または処分）する必要がありますが、持ち家や分譲マンションだったときは、誰かが移り住むか、売却するまでは無人になります。

しかし、公共料金などの支払いは手続きしない限り続くので、解約するか、実家を相続することを予定している人が代わりに支払う必要があります。

故人と同居していた場合も、死亡した事実を銀行に届け出た段階で故人の口座は凍結されるので、公共料金などの自動引き落としができなくなります。

電気やガス、水道などは、実家の片付けや内装工事業者が出入りするときも必要なので、名義変更と引き落とし口座の変更手続きをする一方、新聞やＮＨＫ、固定電話、インターネット接続は当面ストップ、故人の携帯電話、クレジットカードはもう使わないから解約、といった具合に状況に応じて手続きをしましょう。

▼預金通帳とカードの利用明細をチェック

故人が「どこ」と「どんな契約」をしていたかを知るには、**預金通帳とクレジットカードの利用明細を過去1年分くらいさかのぼって見るのがい**

ちばん確実です。

毎月定期的に引き落とされているのは何か。支払先をすべて洗い出して解約などの手続きをとらないと、口座凍結後に「引き落としができない」という請求書や督促状が届くことになるので、注意が必要です。雑誌の定期購読やインターネットのサービスなどを年払いしている可能性があるので、念のため1年分の履歴を見ることをおすすめします。

支払先がわかったら、実家に残っている請求書やダイレクトメールなどから契約者番号やID、連絡先などの情報を集めます。それをもとに電話をかけて、「親が亡くなったのですが」と伝えれば、必要な手続きを教えてくれます。

契約書番号などがわからなくても、故人の氏名や住所、生年月日などの情報で確認してくれるので、もれなく全部手続きしましょう。

解約・支払い変更手続きが必要なものチェックリスト

✓	主なもの	届出先
□	電気	電気会社の営業所
□	ガス	ガス会社の営業所
□	水道	水道局
□	ＮＨＫ受信料	ＮＨＫ
□	新聞	新聞販売店
□	インターネット利用料	契約している通信会社
□	固定電話	契約している通信会社
□	携帯電話	契約している通信会社

3-11 生命保険の保険金を受け取る

対象 該当者のみ
時期 すみやかに

保険金の受け取り期限は亡くなってから2年以内です

▼保険会社に連絡しよう

預金通帳やカードの利用明細を調べたときに、生命保険や共済、障害保険、がん保険など、保険会社の名前を見つけたら、何らかの契約が生きているかもしれません。死亡保険金などを受け取れる可能性があるので、保険会社に連絡を入れます。**保険証券が見つかればベスト**ですが、なかったとしても、保険会社からの手紙を見れば、契約者番号などがわかることもあります。仮にわからなかったとしても、故人の生年月日などの情報から調べてもらうことができます。

残された手紙類や社名入りのカレンダーなどを注意深く見ていくと、保険会社や証券会社、銀行の名前が見つかるかもしれません。過去に取引があった可能性があるので、とりあえず電話をかけてみましょう。**「親が亡くなったのですが、もしかして、御社の手紙が出てきたので、何かの契約が残っていませんか?」**と聞けば、調べてくれます。

▼指示に従って書類を揃える

手続きの詳細は保険会社によって異なります。契約が残っていれば、手続き関係の書類一式を送ってくれるので、その指示に従って、ひたすら書類を集めます。会社ごとに故人の除籍謄本や住民票（除票）などが必要になるので、足りなくなったら役所で再取得してください。

故人が高齢の場合、保険契約が残っていない可能性もあります。保険は本来、稼ぎ手が亡くなってしまったときのための備えであり、年金以外に収入がない人は、保険をかける意味があまりないからです。

私の両親は、掛け捨ての共済しか入っていませんでしたが、「とりあえず葬儀費用くらいは残しておこう」と思ったのか、傷害保険のオプションで「（上限金額以内の）葬儀費用の実費」を支払う契約を残してくれたので、かなり助かりました。

こうしたケースもあるので、忘れずに手続きをしてください。

● 保険金の支払い申請

申請先

故人が契約していた保険会社

請求期限

故人が亡くなってから2年以内

必要なもの

- ☐ 死亡保険金請求書（保険会社より指定あり）
- ☐ 保険証券
- ☐ 死亡診断書のコピー
- ☐ 被保険者の死亡記載のある住民票または除籍謄本
- ☐ 受取人の戸籍謄本または抄本
- ☐ 受取人の印鑑
- ☐ 受取人の印鑑証明
- ☐ 受取人の振込み先に関する情報　など

※保険会社によって異なります

第4章

四十九日法要までにやること(〜7週間)

STORY 4 やっとこれでひと段落!?

はっ!!
今日何日? 9日?
えーと 母さん亡くなってから何日?
4週間目… やばい! 四十九法要の 用意しなくちゃ!
えーと なにを用意 するんだっけ
ウロ ウロ
うう こんな時は…
柳田さんに 聞こう!
ピンポーン

まず必要なのは…
塗りの位牌の注文です
もう済みましたか？
えっ誰!?
…青木葬祭の
柳田です
趣味でバンドを…
今日はお休みなので
友引で
ジャーン♪
意外な
プライベート…!!
あっ、
すみません！
お休みなのに
いえ、集合までに
時間がありますから
やっぱり
デス系の
バンドですか？
はい？
フォークバンド
ですよ

で、塗りの位牌ですが、もう注文しましたか？
いえまだ…
えっ！
出来上がりまでに半月はかかるので早めにって言ったじゃないですか
ご紹介した仏具店さんは？
え、私…紹介…されてましたか？
ええ…
ガッカリ…
でもまあ、なにかとあわただしいのでお気持ちはわかります
四十九日法要のことは柳田さんにお願いしていましたよね？確か…
はい
弊社は四十九日法要もお引き受けしています
※葬儀社によって違います
四十九日法要は一般的に自宅でやったりホールを借りたり霊園に専用スペースがあればそちらで行ったりします
自宅
専用スペース
ホール

四十九日法要までの流れをご説明しましょうか？
お願いします
まずは①法要の日程、場所を決めます
華さんの小川家はお父様のお墓のある霊園でお願いしています
はい
②本位牌（塗りの位牌）を注文します
すみませんすぐやります
仏壇が家にない方はこの時に用意します
仏具店で購入します
中山佛壇店
③墓石への彫刻を石材店に発注します
これも二週間くらいかかるので早めに
彫ってもらう
墓誌
④案内状の作成をします（人数が少ない場合は電話で済ませることも）

⑤参加者への返礼品、
会場のお花、
会食の用意をします
こちらは私がすでに
発注済みです
お願い…していた
気がする…
以上が
四十九日法要
までの流れです
はい
ちょっと
休憩しましょうか?
では当日の
流れです
朝九時半
霊園の法要室に集合
お坊さんが読経、
みなさんが
お焼香をします
お墓に行き
お花、お供えものを並べ、
納骨
お坊さんが読経
お焼香
以上です
意外とあっさり
ですね

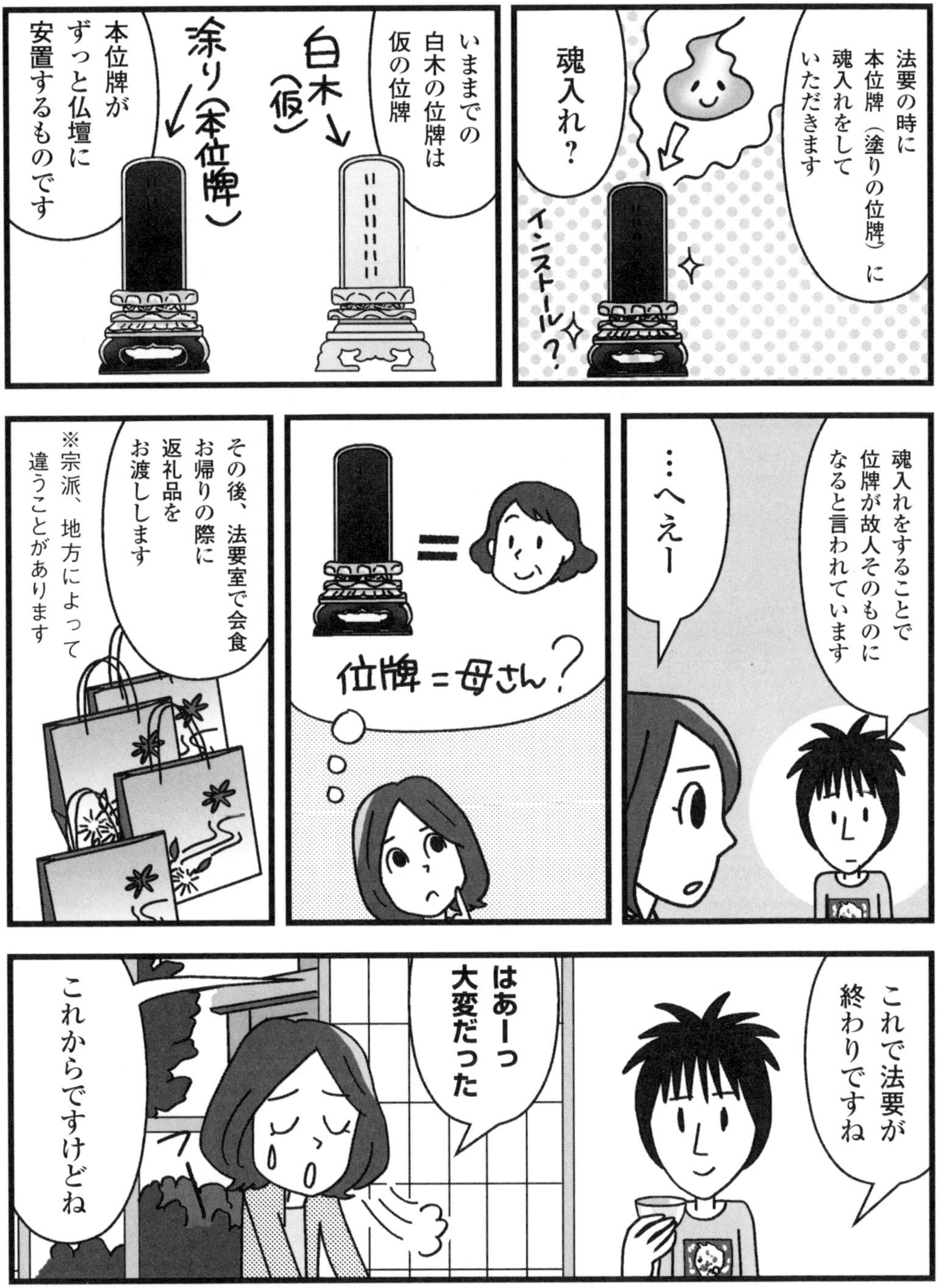

法要の時に本位牌（塗りの位牌）に魂入れをしていただきます
魂入れ？
インストール？
いままでの白木の位牌は仮の位牌
白木（仮）
塗り（本位牌）
本位牌がずっと仏壇に安置するものです
魂入れをすることで位牌が故人そのものになると言われています
…へえー
位牌＝母さん？
その後、法要室で会食お帰りの際に返礼品をお渡しします
※宗派、地方によって違うことがあります
これで法要が終わりですね
はあーっ大変だった
これからですけどね

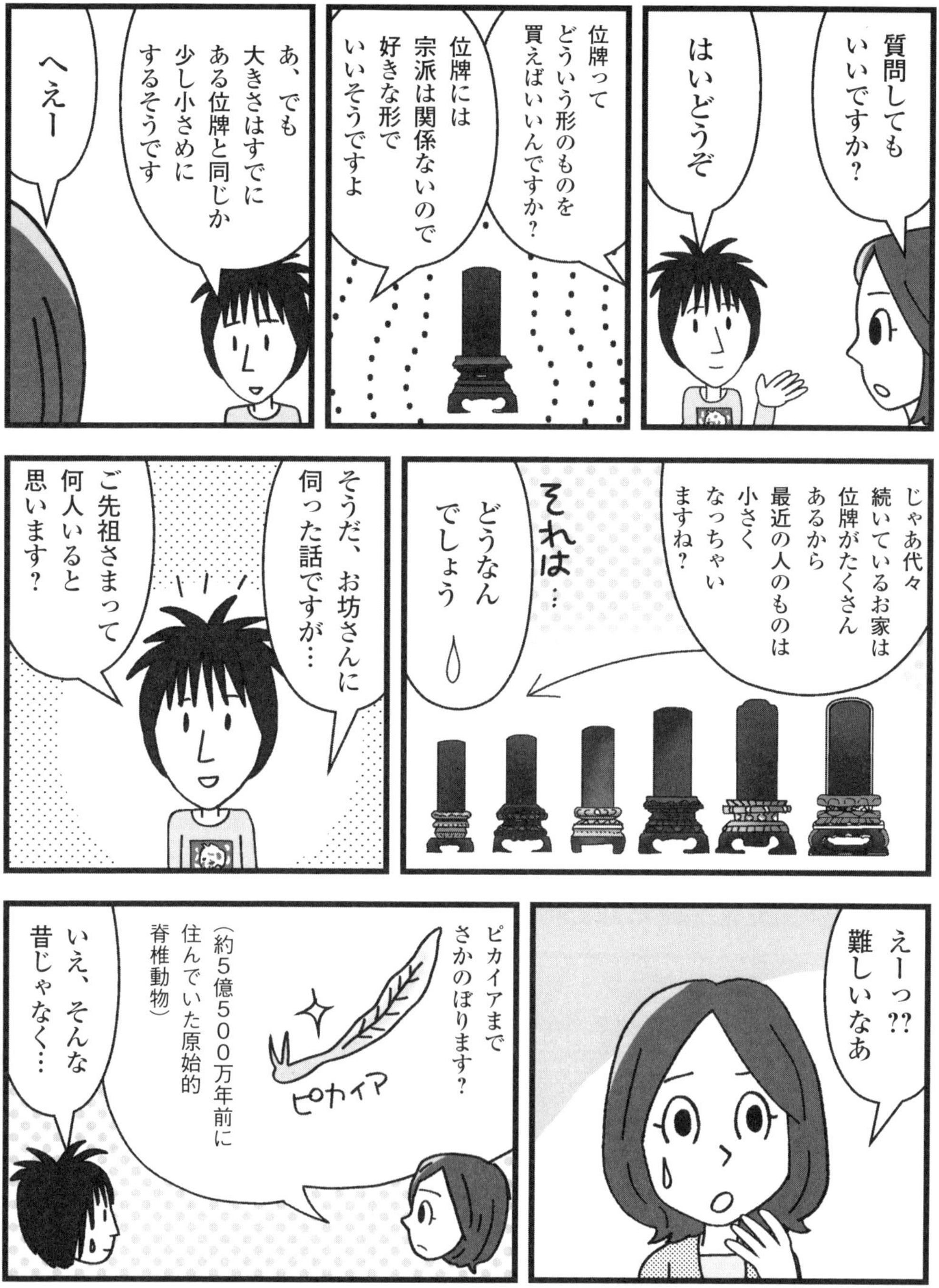
質問してもいいですか？
はいどうぞ
位牌ってどういう形のものを買えばいいんですか？
位牌には宗派は関係ないので好きな形でいいそうですよ
あ、でも大きさはすでにある位牌と同じか少し小さめにするそうです
へえー
じゃあ代々続いているお家は位牌がたくさんあるから最近の人のものは小さくなっちゃいますね？
それは…
どうなんでしょう
そうだ、お坊さんに伺った話ですが…
ご先祖さまって何人いると思います？
えーっ⁇難しいなあ
ピカイアまでさかのぼります？
(約5億500万年前に住んでいた原始的脊椎動物)
ピカイア
いえ、そんな昔じゃなく…

単純な計算をしていくと…親は2の一乗、祖父母は2の二乗って計算式にできますよね
ふむふむ
すると30代前は2の30乗になります
2^{30}
計算すると…
30代前のご先祖さまは10億人！その末端があなたなんです
ざわざわ～
じゅ…10億？
あれ？でも世界の人口10億人もいました？
いません！
たぶん…重なってるんじゃないでしょうか
へえー
つまりどういうことかというとその中の誰一人欠けても今の自分はいなかったんですよ
すごーい…

壮大で
なんというか
とても…
どーん
重いですね
結婚して子ども
産まなかったら
ご先祖さまから
総非難だわ
いや
聞いた話
ですから…
10億人は
私には
荷が重すぎ!!
ご先祖様!
ごめんなさいい!!
ちーん
ちーん
ちーん
いい話に
したかったんだけど…
その後
柳田さんのおかげで
四十九日法要が
無事に行われ
今日、香典返しの
カタログ発送が
済んだところ
はあー…
ここまで終わった…
ギフトSHOP
カタログ

次やることは…
姉ちゃん
ウチ、財産ってあるのかな？
なさそうだよねえ
BEER
でさあ、この家いくらもしないだろうから私にくれないかなあ？
え？
あーっそうだ
なに？
次やることはこれだ 相続手続き…
うちならここまでひと駅で引っ越せるし
姉ちゃんマンションあるからいらないでしょ？
相続人
ねねー

4-1 四十九日法要の準備をする

対象 全員
時期 すみやかに

四十九日法要まではあっという間なので早めに準備を行います

▼故人の冥福を祈る「法要」

「法要」は故人の冥福を祈る「追善供養《ついぜんくよう》」の儀式のことで、お坊さんにお経をあげていただきます。似たような言葉に「法事《ほうじ》（法会《ほうえ》）」がありますが、こちらは読経の後の会食も含んでいるようです。

仏教では本来、故人が亡くなった日から7週間、7日ごとに「忌日法要《きにちほうよう》」を行い、さらに1年後、2年後……と「年忌法要《ねんきほうよう》」を行いますが、現在では、「初七日《しょなのか》」は葬儀と一緒に済ませ、次は「四十九日」「一周忌」「三回忌」に親族が集まり、お坊さんを呼んでお経をあげていただくことが多いようです。

▼四十九日と納骨

四十九日は、仏教の中でとても重要な法要と位置づけられています。

人が亡くなってから49日めまでを「中陰《ちゅういん》」といい、その間、死者は成仏《じょうぶつ》できずに「天道、人間道、修羅道、畜生道、餓鬼《がき》道、地獄道」の六道をさまようと言われています。7日ごとに法要を行うのは、死者が7日ごとに閻魔《えんま》様の裁きを受けるからで、49日めをもって、最終的に来世の行き先が決まるとされています。

そのため、「四十九日法要」は故人の成仏を願い、極楽浄土へ行けるように、故人にゆかりのある人たちが集まって行うのです。

さまざまな法要

○忌日法要（四十九日までの法要）

初七日《しょなのか》	亡くなった命日《めいにち》から数えて7日め ※葬儀当日に行うことが多い
二七日《ふたなのか》	死後14日め
三七日《みなのか》	死後21日め
四七日《よなのか》	死後28日め
五七日《いつなのか》	死後35日め
六七日《むなのか》	死後42日め
四十九日（七七日《なななのか》）	法要・納骨を行うケースが多い
百か日	四十九日と合わせて行うことが多い

○年忌法要

一周忌	死後満1年めの祥月命日《しょうつきめいにち》 ※僧侶、親族を招いて行うことが多い
三回忌	死後満2年めの祥月命日 ※僧侶、親族を招いて行うことが多い
七回忌	死後満6年めの祥月命日
十三回忌	死後満12年めの祥月命日
十七回忌	死後満16年めの祥月命日
二十三回忌	死後満22年めの祥月命日
二十七回忌	死後満26年めの祥月命日
三十三回忌	死後満32年めの祥月命日 ※弔い上げ

▼忌明けと納骨

四十九日をもって「**忌明け**（「きあけ」「いみあけ」）を迎えます。それまでは「忌中」で、結婚式などの祝い事には出席できないとされています。「忌明け」は、喪に服していた遺族が日常生活に復帰するタイミングです。私も、四十九日法要を終えて、ようやくひと息つくことができました。

四十九日法要のときに、お墓に故人のお骨を納める「**納骨**」も合わせて行うケースが多いようです。ただし、厳密な決まりがあるわけではないので、お墓の用意ができた段階で納骨を行うこともできます。

忙しい現代人のライフスタイルに合わせて、葬儀簡略化の波がどんどん押し寄せています。最近では、初七日のみならず、四十九日の法要も葬儀のときに済ませ、そのまま納骨というケースもあるそうです。

▼日程を決める

葬儀から四十九日までは、思った以上に時間がありません。働きながら、あるいは実家に通いながら手続きを進めている人にとっては、その間、何をしていたのかよく思い出せないくらい、あっという間の出来事です。

ですから、忘れないうちに、四十九日の法要をどうするか、決めておくようにしましょう。位牌やお墓の彫刻が間に合わなくなる可能性があります。

まずは身内で日程をすりあわせます。49日よりも前の土日祝日に行うのが一般的です。49日より後になると、「忘れていたのか」と言われてしまうかもしれないので、気をつけましょう。

日程が決まったら、菩提寺（または葬儀をお願いしたお坊さん）に連絡を入れて問題ないか確認します。

▼場所を押さえる

場所は、自宅のほか、霊園に併設された施設や、葬祭会館などで行います。自分で直接霊園や会館に連絡をとってもいいですし、葬儀社に間に入ってもらうこともできます。

法要後は会食を行うことが多いので、移動なしで会食までセットで依頼できるのが専門ホールのメリットです。自宅で行うときはレストランや出前などの予約も忘れずに。

ちなみに私の両親のときは、法要は霊園に併設された会場で行い、葬儀のときにお願いしたお坊さんに来ていただきました。そのままお墓に移動して納骨を済ませ、実家に移動して、生前の両親が好きで、いつも注文していた出前のうなぎをみんなで食べて、お開きとしました。

▼返礼品を準備する

法要に参加する人数分の返礼品を準備します。お茶やお菓子など、日持ちするものが無難でしょう。

▼関係者に案内する

法要の概要（日時、場所など）が決まったら、関係者に案内をします。案内状で通知するケースもあるようですが、近親者のみの場合は電話でも問題ないでしょう。

4-2 位牌・仏壇を用意する

対象 全員
時期 すみやかに

本位牌、お墓の準備には2～3週間程度かかります

▼本位牌を発注する

柳田さんの説明にあるように、葬儀後、お骨と一緒にいただいてきたのは白木の仮の位牌なので、四十九日の法要までに、**本位牌**を用意する必要があります。

法要のときに**魂入れ**をした本位牌には故人の霊が宿るとされていて、仏壇に安置し、日々、供養を行います。

位牌の作成には2～3週間程度の時間がかかるので、早めに仏具店に連絡を入れます。

第2章で述べたように、私の母は後から戒名をつけていただいたのですが、手違いがあって、なかなか戒名を筆書きしていただいた用紙が届きませんでした。そのため、最後はお坊さんからＦＡＸで送っていただいて、ギリギリ間に合わせたということもあるので、早めに動き出すことをおすすめします。

▼仏具店にまかせて安心

仏具店のカタログには、さまざまな位牌が並んでいます。大きさや装飾によって値段もピンきりで、どれを選んでいいか、私にはまったくわかりませんでした。

私がお願いした仏具店は、実家までやってきて仏壇と位牌を見たうえで、「同じタイプのものですと、こちらですね」と提案してくれました。位

牌の文字の配置にも、さまざまなやり方があるようなので、仏具店に直接足を運ぶときは、ご先祖様の位牌を持参するか、写真を撮ってそれを見てもらうと話が早いかもしれません。

ちなみに、馴染みの仏具店がないときは、葬儀社から紹介してもらうと、紹介料として少しお安く購入できることもあるようです。

父の四十九日の際、母のときと同じ仏具店にお願いしたところ、「つくり直しになってしまいますが、おふたりの戒名を並べてひとつの位牌にできますよ」と言うので、そのようにしてもらいました。最後まで仲がよかったふたりには、そのほうがふさわしいような気がしたのです。

このとき不要になった母の位牌は、白木の位牌とともにお坊さんにお願いして持ち帰っていただき、お焚《た》き上げをしていただきました。

仏壇の手配

仏壇は、位牌を安置する場所です。以前は自宅の中に仏間《ぶつま》があり、仏間に仏壇を置くのが一般的でしたが、最近はリビングや和室などに置けるコンパクトな仏壇も増えてきました。

仏壇は必ず用意しなければいけないわけではありませんが、はだかのまま位牌を置くのも気が引けるという人は、この際、購入を検討してみてはいかがでしょうか。仏壇に納める仏具は宗派によって異なるので、わからないことは、何でも仏具店に聞いてみましょう。

新たな仏壇を購入したときは、お寺（菩提寺など）に連絡をして、**開眼法要《かいげんほうよう》**を行うこともあるそうです。

4-3 お墓を準備する

対象 全員
時期 すみやかに

▼納骨は四十九日に行うのが一般的

遺骨をお墓に納めることを「**納骨**」といいます。四十九日法要の後、そのまま納骨をするケースが多いのは、納骨式でもお墓を前にお坊さんにお経をあげていただくからです。また新しいお墓を準備した場合は、納骨の前に「**開眼法要**」（魂入れ）を行う必要があります。

お墓がすでにある場合は、事前に墓石に名前（戒名）を彫ってもらいます。お墓のあるお寺や霊園に相談して、石材店を紹介してもらいましょう。

▼新しいお墓を建てる

お墓がない場合は、新たに購入するか、納骨堂などのサービスを利用する必要があります。

新たにお墓を建てる場合、まずは墓地を購入します。墓地は、菩提寺の寺院墓地のほか、公営墓地、民営墓地、公園墓地などさまざまなものがあります。予算や環境を考え、下見したうえで決定します。墓地購入後は、墓石を準備します。墓石は石材店に依頼します。なお、墓石に使われるのは御影石《みかげいし》が一般的です。

墓地の購入にかかる一般的な費用は左のとおりです。ちなみに、**墓地や墓石は非課税財産**で、相続税の課税の対象とはならないので、死後に購入するよりも、生前に本人が用意しておいてくれたほうが、節税のメリットがあります。

● **お墓に必要な費用（概算）**

<平均予算>
150～400万円

（内訳）

墓地の永代使用料 20万～300万円	＋	墓石の建立料 50万～200万円	＋	開眼法要のお布施 5万～10万円

※ローンを取り扱っている場合もある
※すでに墓石がある場合は、石材店に追加文字彫りを依頼する（完成まで2週間程度かかる）

▼**お墓を移したいときは？**

もともとあったお墓を別の場所に移動することを「改葬」といいます。

改葬の際は、新たな墓地を用意した後に、その管理者から**「受入証明書」**の交付を受けます。その後、現在のお墓がある市区町村役場窓口にて**「改葬許可申請書」**を受け取り、その中の一部である、**「埋葬証明書」**に現在のお墓の管理者より記名押印を受けます。

そのうえで、「埋葬証明書」と「改葬許可申請書」を現在の墓地のある市区町村役場に提出し、**「改葬許可証」**の交付を受け、新たな墓地の管理者に提出します。

こうした一連の手続きを経て、新たな墓地への納骨が可能となります。

4-4 四十九日法要と納骨を行う

対象 全員
時期 ～49日

▼当日用意するもの

四十九日法要の当日は、忘れ物がないように気をつけましょう。

まず、**「白木の仮の位牌」**と**「塗りの本位牌」**。本位牌は魂入れをしてもらって持ち帰り、役割を終えた白木の位牌は、お坊さんに持ち帰っていただき、お焚き上げしてもらいます。

納骨も同時に行うときは、**「骨壷が入った箱」**。この骨箱の中には、火葬場から受け取った**「埋葬許可証」**が入っています。

「墓地の使用許可証」も必要です。霊園に使用許可の手続きを行うことで交付されます。

忘れがちなのは、**「お線香」**と**「お供え物」**。お墓に供える**「お花」**も用意したほうがいいでしょう。

納骨するときは、石材店の方が「埋葬許可証」を取り出し、重い墓石を動かして、骨壷を中に納めてくれます。

▼四十九日法要の費用

参考までに、私が四十九日法要で支払ったお金の概算を紹介します。

霊園の会場使用料が5万円、石材店（彫刻＋当日の対応）への支払いが5万円、位牌は2万円、お花代は5000円です。ここに、会食費と返礼品代、お坊さんへのお布施＋お車代が加わります。

お布施は3万～5万円くらいが相場だそうです。

4-5 香典返しを手配する

対象 全員
時期 ～49日

香典返しは四十九日後、すぐに届くように手配します

四十九日のすぐ後に届ける

四十九日が過ぎるタイミングで、故人に香典をいただいた方に**「香典返し」**をします。

四十九日法要が済み、無事「忌明け」した報告とお礼を兼ねて送るものなので、**四十九日の後、間をおかずに発送する**のがマナーです。そのため、四十九日法要の準備と並行して手配を進めます。

香典返しは、お礼状の作成や配送まで含めて、百貨店やギフト専門店がさまざまなメニューを用意しています。私は葬儀社の紹介で百貨店のサービスを利用しました。担当者が自宅まで来て、礼状の書き方などを教えてくれたので、難しいことは何もありませんでした。

「半返し」が基本

香典返しは**「半返し」**が基本です。いただいた香典が3万円なら1万5000円相当の、1万円なら5000円相当の品物（またはカタログギフト）をお送りします。

ただし、葬儀当日に「返礼品」を用意した場合は、その金額を除いた分をお返しすればいいようです。たとえば、当日に2000円程度のお返しを用意した場合、いただいた香典が5000円の方には新たに「香典返し」をする必要はありません。

4-6 喪中はがき・寒中見舞いを郵送する

対象 全員
時期 年末年始

▼できれば12月前に発送する

四十九日とは直接関係ないですが、忘れがちな手続きのひとつとして、**喪中はがき**の手配を紹介します。

喪中はがきは、相手が年賀状を作成する前、つまり、10月中旬から11月末くらいにかけて発送するのが望ましいとされています。

インターネットで検索すれば、はがきデザインの選定や定型文の作成、宛名書き印刷、さらに郵送まで代行してくれるサービスがたくさん見つかるので、自分が使いやすいサービスを探してみてください。

▼故人の交遊関係がわからないときは…

私自身は、アナログの年賀状のやりとりをもう何年も前からやめていますが、親の世代にとってはまだ年賀状は現役です。そこで、喪中はがきを出そうと思ったのですが、送り先が皆目わかりません。

昔は毎年何百枚も年賀状を出していた父も、要介護状態になってからは年賀状を出す習慣をやめていました。そこで、年が明けてから、両親宛てに年賀状をいただいた方にだけ寒中見舞いはがきを送り、喪中で年始の挨拶ができなかったことをお詫びしました。

故人の交遊関係がわからないときは、こうしたやり方もあります。

第5章

落ち着いてからじっくり取り組むこと

STORY 5　ついに発生！　相続問題

相続手続き…しなくちゃいけないんだった…
そうなのよ！
でね 本買って読んでみた
どん！
なな、なによ！勉強嫌いな朋が…!?
いやあ、わたくし現金主義だからさあ
ジャラジャラ
でも最初のところ読んだだけで挫折したの難しくって！
でね これプロに頼まない？
プロ？
拓ちゃんの同級生に会計事務所の人がいるんだって
拓
嫁のお母さん亡くなってさあ
「相続？なら俺に任せろ悪いようにはしないから」
って言ってくれたって
友人
ククク…
……今のセリフ完全に悪いキャラだよね？

私のいいように書類つくってくれるって
おっと これはオフレコだった
なんですってー??
なによ朋ったら今まで私にまかせっきりだったくせに!
支払い
健康保険
年金
生命保険
公共料金
私は休みとって役所やらなんやら回ってるのに
朋は家族でモールに出かけてたってどういうこと!
おいしかったよ替え玉ハンバーグ
むかー!!
…って姉ちゃんも誘ったじゃん!
忙しくて行けるか!!
それなのにお金のこととなったら急に…そんなのいやらしくない?
自分のためじゃないよ子どものためだよ
だってお金ほしいもん

……
ハッ
いやちょっと
待って
だいたいウチに
そんなお金は
あるの？
知らない
けどー…
んーと…？
まずは遺言書が
ないか調べる
同時に現金・預貯金、有価証券、
不動産、車などの財産
住宅ローン、医療費の未払い
などマイナスの財産に
ついても調べる
相続
どうやって
調べるの？
ありそうなところ
探すんでしょ
ええー
めんどくさい！
このまえ通帳
探したとき
なかったもん
「遺言書ない」
じゃダメなの？
わかんないよ
まずは探せって
書いてある
あっ!!
確か
「エンディングノート」
みたいなの
書いてたような…
相続
本当？
そういうの
一時期流行った
じゃない？
えーと
ノートに名前を
書くと
その人が
死んじゃう…
それ
ノート違い
だから

亡くなった時に困らないように年金番号とか口座番号とか書いておくノートでしょ！
ああ、そっちか
それが話題になった時に確か…
ここらへんにないかな
……
いやー ほんとにあったし
キラーン
ほんと!?
見ちゃう？
見るよ!!
おお！
まずは身近なことについて書きましょう
私について
私の住所
私の伴侶について
の子どもについて
書いてる！
パラッ…
スカーッ!

まさかの…
まっ白!
知ってる情報のみだよ
それで終わりかーーい!!
はあー
どっと疲れた
でもやらなきゃダメだよ
届け出とかで期限があるのもあるみたいだし
しかしさあ、遺産相続なんて資産家がすることじゃないの?
ウチみたいな一般家庭には関係ないでしょ?
BEER
相続
あっ、まったく同じこと書いてある!
「相続が大変、というのはお金持ちの世界の話。一般庶民には関係がありません」
ほらね!
「…と思っている方がほとんどです。そしていざ、自分が相続問題に直面するとこんなことなら事前になんとかしておけばよかった、と泣いてグチることになるのです」
ブー
BEER

ほんとに？
「相続税を申告しなくてはならない人は全体の４・４％ですが※問題はそこではなく
たとえば亡くなった人の持ち物を引き継いだとき、必要になるのが相続手続きなのです
亡くなった父の車
息子
だから、相続は誰にでもとても身近な話なのです」
相続
※平成26年度／国税庁のデータ
バタバタ
ピンポーン！
ママー帰ろうー
おお隼人《はやと》海斗《かいと》！
おばちゃんこんにちはー
おばちゃん疲れてる？
大丈夫よー
華さん大変ですねまだいろいろと…
STRONG STYLE
ほんとにねー

おばちゃん
このお家
ちょうだい？
ぼくに
ちょうだい？
はあ!?
朋…
あんたまさか
いやいや、
私そんなこと
言えって
言ってないよ！
誤解だよ！
ちょうだい？
コラコラッ！
ずるっ
まだなにを
どうするかも
わかってないのに
何も言えないよ！
とりあえず
遺言書探すの
手伝ってよ！
ごめん
子どもがお腹
空かせてるんで
帰るね！
帰ります！
コラー!!
君らには
一円も
やらんぞ!!
決めた!!

すぐわかる!
相続
相続
なるほど
相続問題とは
相続税を払うこと
っていうより
相続そのもの
ってこと?
どんなことを
するの?
・遺言書を探す
・相続できる人を調べる
・すべての遺産を確定する
・遺産分割をする
・名義変更をする
つまり…
遺産をリストアップして
相続人で分けて名義変更
すればいいわけだ
……
意外に簡単じゃない?
まったく簡単じゃ
ないですよ

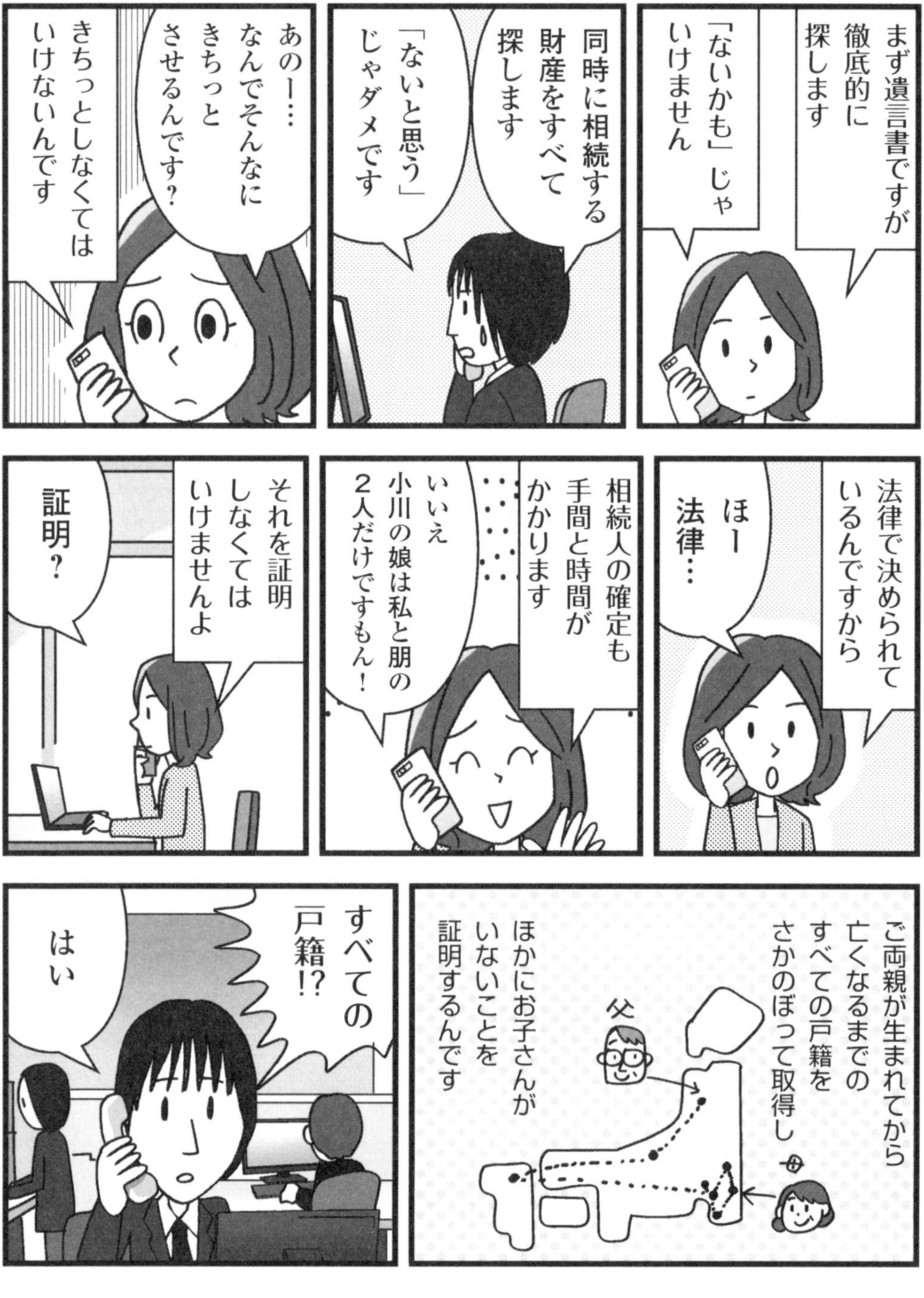

まず遺言書ですが
徹底的に
探します
「ないかも」じゃ
いけません
同時に相続する
財産をすべて
探します
「ないと思う」
じゃダメです
あのー…
なんでそんなに
きちっと
させるんです？
きちっとしなくては
いけないんです
法律で決められて
いるんですから
ほー
法律…
相続人の確定も
手間と時間が
かかります
いいえ
小川の娘は私と朋の
２人だけですもん！
それを証明
しなくては
いけませんよ
証明？
ご両親が生まれてから
亡くなるまでの
すべての戸籍を
さかのぼって取得し
ほかにお子さんが
いないことを
証明するんです
父
すべての
戸籍!?
はい

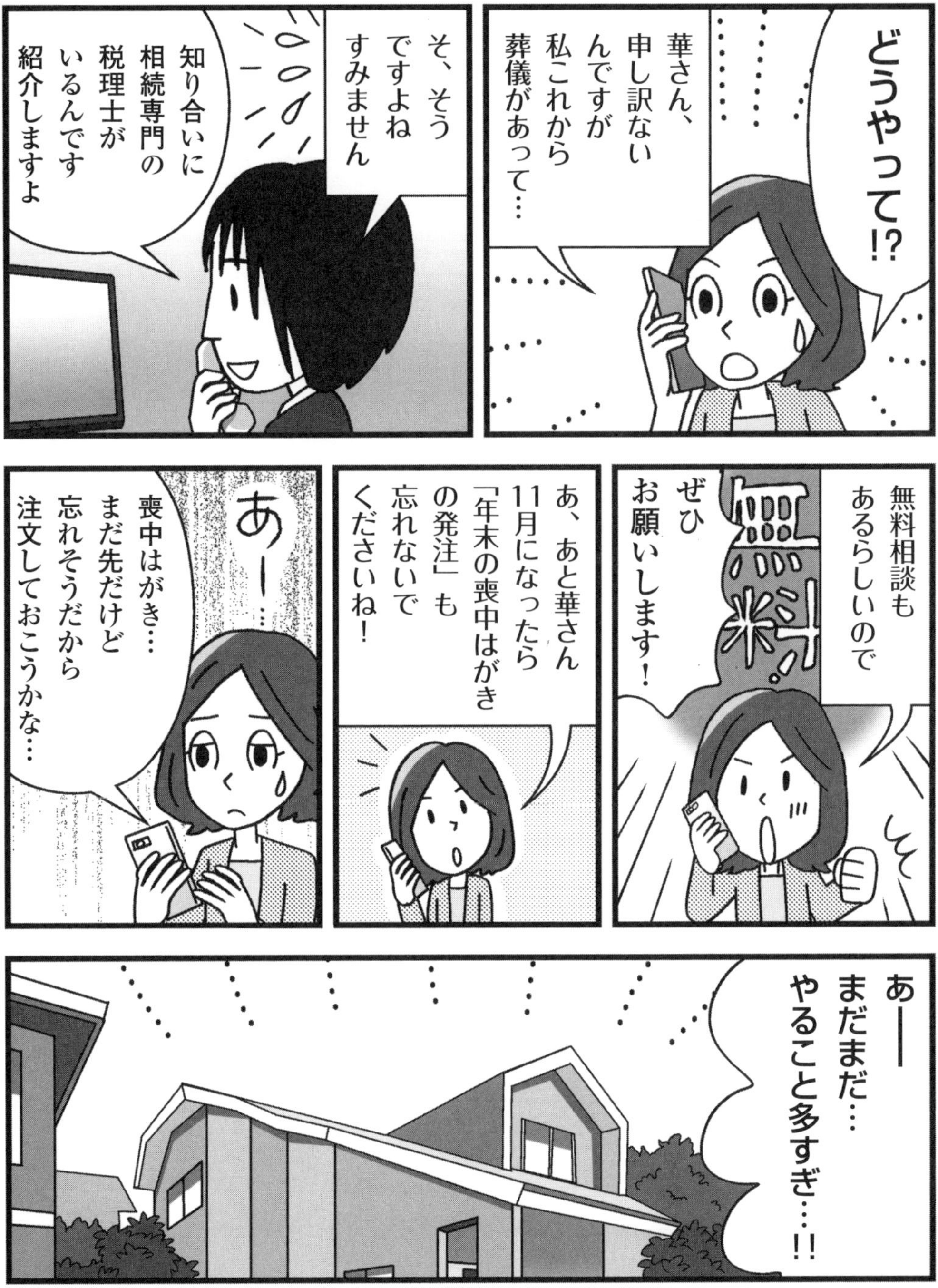
どうやって!?

華さん、申し訳ないんですが私これから葬儀があって…

そ、そうですよねすみません
知り合いに相続専門の税理士がいるんです紹介しますよ
無料相談もあるらしいので
ぜひお願いします!

無料!

あ、あと華さん11月になったら「年末の喪中はがきの発注」も忘れないでくださいね!

あー…

喪中はがき…まだ先だけど忘れそうだから注文しておこうかな…

あーまだまだ…やること多すぎ…!!

5-1 高額療養費の支給を申請する

対象　該当者のみ

時期　1・2か月後～2年以内

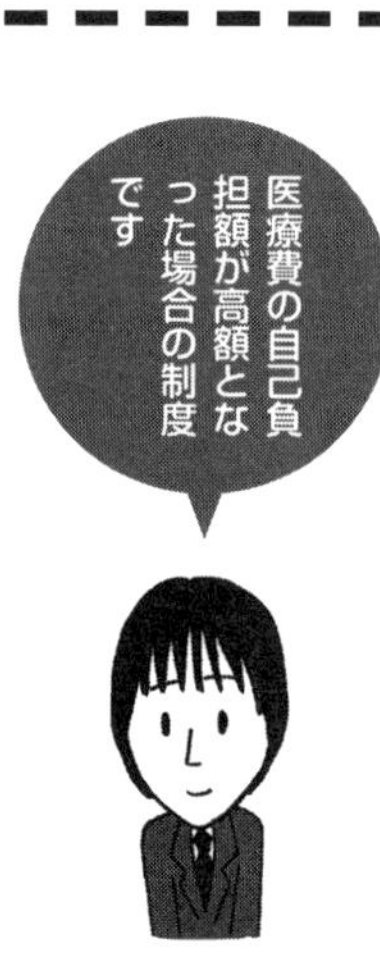
医療費の自己負担額が高額となった場合の制度です

▼高額療養費とは？

小川家の相続問題が気になりますが、まずは落ち着いてから行う手続きを紹介します。

高額療養費とは、健康保険加入者が、**1か月間（1日から月末まで）の医療費の自己負担額が高額となった場合、一定額を超えた金額の払い戻しを請求できる**という制度です。

死亡前後は、救命救急措置などで費用負担が増えることもあるため、該当する方も多いでしょう。本人の死亡後であっても請求することができますので、病院からの請求書が届いたら、該当の有無を確認し、手続きを行います。

といっても、多くの場合、故人が亡くなってから2、3か月後に「高額療養費の払い戻しのお知らせ」が届くので、その指示に従って手続きをすれば問題ありません。

▼高額療養費を利用できる場合

高額療養費の対象となるのは、**健康保険が適用される診察に対して患者が支払った金額**です。保険適用外である、差額ベッド代や先進医療費、入院中の食事負担などは高額療養費の対象とはなりません。高額療養費は、診療を受けた月の翌月から2年間、申請することができます。つまり、2年以内に支払った医療費であれば、過去にさかのぼって申請することができます。

▼高額医療費の計算方法

毎月の自己負担額の上限は、加入者の年齢（70歳以上か70歳未満か）や所得の状況によって異なります。

なお、**世帯合算**（複数の受診や同世帯の家族の受診について、それぞれ支払った自己負担額を1か月単位で合算できます）や、**多数回該当**（直近12か月間で3回以上高額療養費の支給を受けている場合、4回めからの負担額がさらに軽減されます）といったしくみもあります。

▼申請手続き

申請は、加入している医療保険に、「高額療養費の支給申請書」（医療保険制度により申請書が異なります）を提出または郵送することで行います。病院の領収書の添付が必要な場合もあります。

●高額療養費の支給

提出書類	高額療養費の支給申請書
申請先	健康保険組合（国保の場合は市区町村役場）
申請期限	診療を受けた月の翌月の初日から２年以内
提出する人	世帯主あるいはその相続人

必要なもの

- ☐ 印鑑（申請者）
- ☐ 戸籍謄本（申請者・相続人）
- ☐ 除籍謄本（被相続人）
- ☐ 病院の領収証のコピー
- ☐ 保険証
- ☐ 預金通帳
- ☐ 役所・保険組合からのお知らせハガキ

●高額療養費の自己負担額の限度額

○70歳未満の方の場合

所得区分	ひと月あたりの自己負担限度額
①標準報酬月額83万円以上 （国保：年間所得901万円超）	252,600円＋（医療費－842,000円）×1%
②標準報酬月額53万円以上79万円未満 （国保：年間所得600万円超901万円以下）	167,400円＋（医療費－558,000円）×1%
③標準報酬月額28万円以上50万円未満 （国保：年間所得210万円超600万円以下）	80,100円＋（医療費－267,000円）×1%
④標準報酬月額26万円未満 （国保：年間所得210万円以下の方）	57,600円
⑤住民税非課税の方または生活保護世帯	35,400円

＜計算例＞③の方が医療費として30万円支払った場合（3割負担、実際の医療費は100万円）

自己負担限度額：80,100円＋（100万円－267,000円）×1%＝87,430円

※87,430円を超えた支払い額（30万円－87,430円＝212,570円）が申請により払い戻される。

○70歳以上の方の場合

<table>
<tr><th colspan="2" rowspan="2">所得区分</th><th colspan="2"></th></tr>
<tr><th>外来
（個人ごと）</th><th>1か月の負担の
上限額</th></tr>
<tr><td colspan="2">①現役並み所得者
（標準月額報酬28万円以上）</td><td>44,400円</td><td>80,100円＋（総医療費－267,000円）×1%</td></tr>
<tr><td colspan="2">②一般</td><td>12,000円</td><td>44,400円</td></tr>
<tr><td rowspan="2">低所得者
（住民税非課税の方）</td><td>③Ⅰ（Ⅱ以外の方）</td><td rowspan="2">8,000円</td><td>24,600円</td></tr>
<tr><td>④Ⅱ
（年金収入のみの方の場合、年金受給額80万円以下など、総所得金額がゼロの方）</td><td>15,000円</td></tr>
</table>

＜計算例＞②一般所得者が10万円支払った場合（1割負担、実際の医療費は100万円）

自己負担限度額：44,400円

※44,400円を超えた支払い額（10万円－44,400円＝55,600円）が申請により払い戻される。

5-2 故人の所得税の準確定申告

対象 該当者のみ
時期 4か月以内

▼所得税の準確定申告

所得税は、1年間（1月1日から12月31日まで）に生じた所得に対する所得税額を算出し、翌年の2月16日から3月15日までの間に申告および納税を行います。いわゆる確定申告です。

年の途中で死亡した人は、1月1日から死亡した日までの所得金額と税額を計算し、申告と納税を行います。これが**所得税の準確定申告**です。

▼準確定申告が必要な場合

準確定申告が必要なのは次の人です。

・個人事業を行っていた人
・2000万円を超える給与収入がある人
・2か所以上から給与を得ていた人
・不動産収入（賃貸など）がある人
・資産（不動産など）を売却した人
・公的年金を受給していた人
・多額の医療費を支払っていた人（確定申告により還付を受けられる人）
・生命保険や損害保険の一時金（満期金）を受け取った人

ただし、公的年金などによる収入が400万円以下であり、年金以外の所得も20万円以下である場合、準確定申告は不要です。

▼準確定申告の手続き

相続の開始があったことを知った日の翌日から4か月以内に申告、納税を行います。また、3月15日までに亡くなり、前年分の確定申告を行っていない場合は、前年分についての申告、納税を行う必要があります。

いずれの手続きも相続人が行います。相続人が2人以上いるときは、原則として、各相続人が連署により準確定申告書を提出します。

次ページ以降で「所得税の準確定申告書」の書き方を紹介しますが、これを見て「自分には無理！」と思った人も安心してください。後で述べるように、特に忙しいみなさんには相続のプロを活用して楽をしてほしいと思っていますが、どうせ税理士を頼むなら、準確定申告もあわせてお願いするのが賢明です。

● **準確定申告書の提出方法**

提出書類	□ 準確定申告書第１表 □ 準確定申告書第２表 □ 準確定申告書付表
提出先	故人の納税地の所轄税務署
提出期限	相続の開始があったことを知った日の翌日から4か月以内
提出する人	相続人や包括受遺者 （包括受遺者…遺言者の財産の全部または一部の包括遺贈を受ける者）
必要なもの	□ 源泉徴収票（※年金の源泉徴収票は死亡届を提出した家族宛に郵送） □ 医療費の領収証　など

所得税の準確定申告書（第１表） 見本

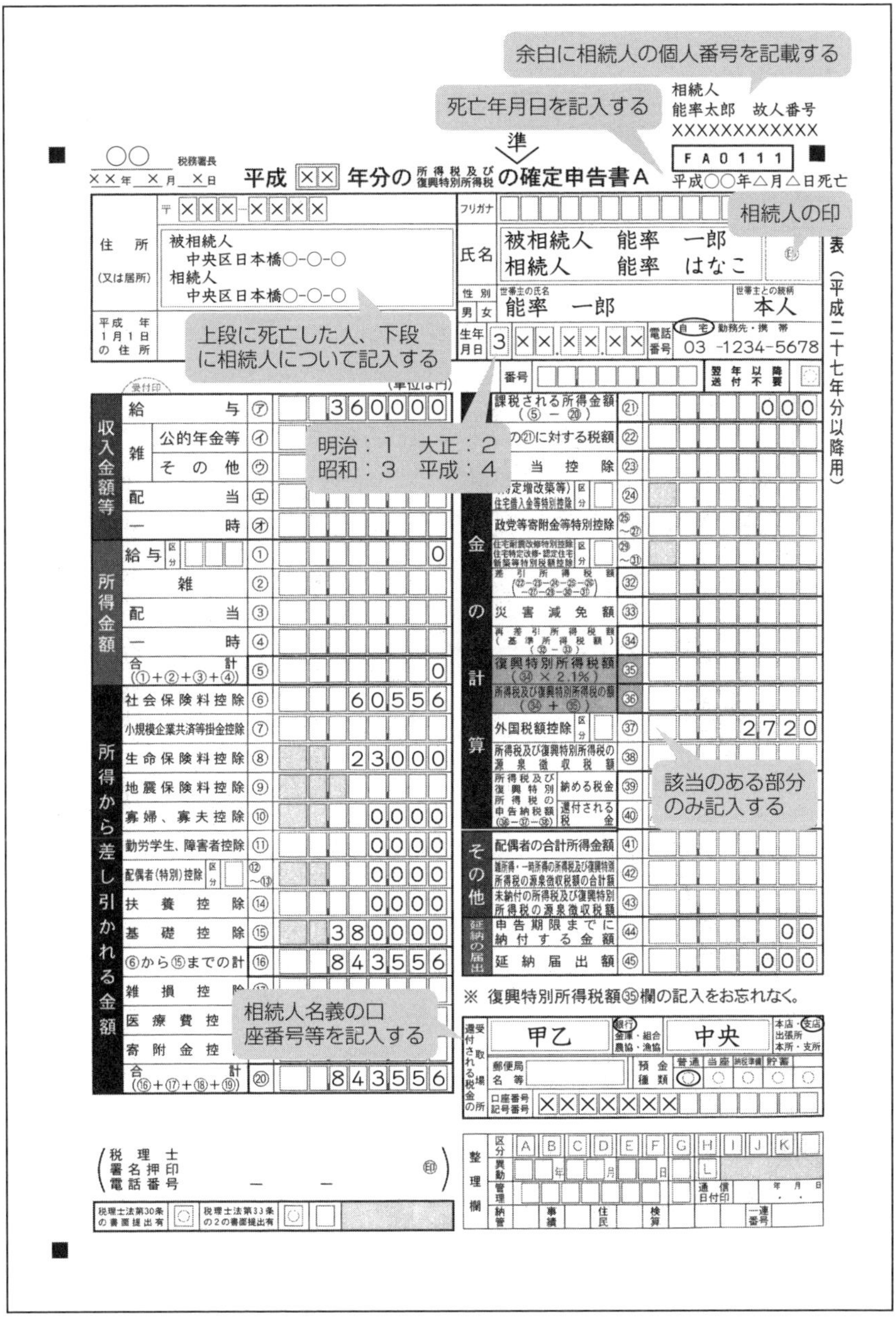

余白に相続人の個人番号を記載する

死亡年月日を記入する

相続人
能率太郎　故人番号
XXXXXXXXXXXX

FA0111

○○ 税務署長
××年 ×月 ×日

平成 ×× 年分の 所得税及び復興特別所得税 の 準 確定申告書Ａ

平成○○年△月△日死亡

住所（又は居所）	〒×××-×××× 被相続人 中央区日本橋○-○-○ 相続人 中央区日本橋○-○-○
平成 年 1月1日 の住所	
氏名	被相続人　能率　一郎 / 相続人　能率　はなこ
性別 男 女	世帯主の氏名 能率　一郎 / 世帯主との続柄 本人
生年月日	3 ××.××.××
電話番号	自宅・勤務先・携帯 03-1234-5678

相続人の印

上段に死亡した人、下段に相続人について記入する

明治：1　大正：2
昭和：3　平成：4

（単位は円）

区分	項目	番号	金額
収入金額等	給与	㋐	360000
	雑 公的年金等	㋑	
	雑 その他	㋒	
	配当	㋓	
	一時	㋔	
所得金額	給与	①	0
	雑	②	
	配当	③	
	一時	④	
	合計（①+②+③+④）	⑤	0
所得から差し引かれる金額	社会保険料控除	⑥	60556
	小規模企業共済等掛金控除	⑦	
	生命保険料控除	⑧	23000
	地震保険料控除	⑨	
	寡婦、寡夫控除	⑩	0000
	勤労学生、障害者控除	⑪	0000
	配偶者（特別）控除	⑫～⑬	0000
	扶養控除	⑭	0000
	基礎控除	⑮	380000
	⑥から⑮までの計	⑯	843556
	雑損控除	⑰	
	医療費控除	⑱	
	寄附金控除	⑲	
	合計（⑯+⑰+⑱+⑲）	⑳	843556

区分	項目	番号	金額
税金の計算	課税される所得金額（⑤－⑳）	㉑	000
	上の㉑に対する税額	㉒	
	配当控除	㉓	
	（特定増改築等）住宅借入金等特別控除	㉔	
	政党等寄附金等特別控除	㉕～㉗	
	住宅耐震改修特別控除 住宅特定改修・認定住宅新築等特別税額控除	㉙～㉛	
	差引所得税額	㉜	
	災害減免額	㉝	
	再差引所得税額（基準所得税額）（㉜－㉝）	㉞	
	復興特別所得税額（㉞×2.1%）	㉟	
	所得税及び復興特別所得税の額（㉞＋㉟）	㊱	
	外国税額控除	㊲	2720
	所得税及び復興特別所得税の源泉徴収税額	㊳	
	所得税及び復興特別所得税の申告納税額（㊱－㊲－㊳） 納める税金	㊴	
	還付される税金	㊵	
その他	配偶者の合計所得金額	㊶	
	雑所得・一時所得等の所得税及び復興特別所得税の源泉徴収税額の合計額	㊷	
	未納付の所得税及び復興特別所得税の源泉徴収税額	㊸	
延納の届出	申告期限までに納付する金額	㊹	00
	延納届出額	㊺	000

該当のある部分のみ記入する

※ 復興特別所得税額㉟欄の記入をお忘れなく。

還付される税金の受取場所：甲乙 銀行　中央 支店
預金種類：普通
口座番号・記号番号：××××××××

相続人名義の口座番号等を記入する

税理士 署名押印 電話番号

第一表（平成二十七年分以降用）

所得税の準確定申告書（第2表） 見本

平成〇〇年分の所得税及び復興特別所得税の準確定申告書A

番号　　　　FA0065

第二表（平成二十七年分以降用）○第二表は、第一表と一緒に提出してください。○源泉徴収票、国民年金保険料や生命保険料の支払証明書など申告書に添付しなければならない書類は添付書類台紙などに貼ってください。

住所	被相続人 中央区日本橋〇-〇-〇 相続人 中央区日本橋〇-〇-〇
フリガナ 氏名	被相続人 能率《ノウリツ》 一郎《イチロウ》 相続人 能率《ノウリツ》 はなこ《ハナコ》

> 上段に死亡した人、下段に相続人について記入する

○ 所得の内訳（所得税及び復興特別所得税の源泉徴収税額）

所得の種類	種目・所得の生ずる場所又は給与などの支払者の氏名・名称	収入金額	所得税及び復興特別所得税の源泉徴収税額
給与	給料 株式会社〇〇産業	360,000円	2,720円
		㊳ 所得税及び復興特別所得税の源泉徴収税額の合計額	2,720円

> 源泉徴収票を見て記入する

○ 雑所得（公的年金等以外）・配当所得・一時所得に関する事項

所得の種類	種目・所得の生ずる場所	収入金額	必要経費等
		円	

○ 住民税に関する事項

16歳未満の扶養親族 扶養親族の氏名	続柄	生年月日	別居の場合の住所
		平 . .	
		平 . .	
		平 . .	

給与・公的年金等に係る所得以外（平成28年4月1日において65歳未満の方は給与所得以外）の所得に係る住民税の徴収方法の選択	〇 給与から差引き	〇 自分で納付
配当に関する住民税の特例	円	
非居住者の特例		
配当割額控除額		

寄附金税額控除		条例指定分	
都道府県、市区町村分	円	都道府県	円
住所地の共同募金会、日赤支部分		市区町村	

別居の控除対象配偶者・控除対象扶養親族の氏名・住所	氏名		住所	

○ 所得から差し引かれる金額に関する事項

⑥社会保険料控除 社会保険の種類	支払保険料	⑦小規模企業共済等掛金控除 掛金の種類	支払掛金
源泉徴収票のとおり	60,556円		円
合計	60,556	合計	

⑧生命保険料控除			
新生命保険料の計	円	旧生命保険料の計	23,000円
新個人年金保険料の計		旧個人年金保険料の計	
介護医療保険料の計			

⑨地震保険料控除			
地震保険料の計	円	旧長期損害保険料の計	円

⑩～⑪本人該当事項	
□ 寡婦（寡夫）控除（□死別 □生死不明 □離婚 □未帰還）	□ 勤労学生控除 学校名（　）

⑪障害者控除	
氏名	

⑫～⑭配偶者の氏名	生年月日	
能率 はなこ XXXXXXXXXXXX	明・大・㊍昭・平 〇〇・〇・〇	☑配偶者控除 □配偶者特別控除

控除対象扶養親族の氏名	続柄	生年月日	控除額
		明・大・昭・平 . .	万円
		明・大・昭・平 . .	
		明・大・昭・平 . .	
		⑭扶養控除額の合計	万円

> 控除対象の配偶者や扶養親族について、氏名等と個人番号を記入する

⑰雑損控除 損害の原因	損害年月日	損害を受けた資産の種類など
	. .	
損害金額	保険金などで補填される金額	差引損失額のうち災害関連支出の金額
円	円	円

⑱医療費控除			
支払医療費	円	保険金などで補填される金額	円

⑲寄附金控除			
寄附先の所在地・名称		寄附金	円

○ 特例適用条文等

一連番号

準確定申告書（付表） 見本

死亡した者の平成○○年分の所得税及び復興特別所得税の確定申告書付表
（兼相続人の代表者指定届出書）

（平成二十八年分以降用）

〇この付表は、申告書と一緒に提出してください。

1 死亡した者の住所・氏名等

住所	（〒XXX－XXXX） 中央区日本橋 ○-○-○	氏名	フリガナ 能率《ノウリツ》 一郎《イチロウ》	死亡年月日	平成○○年 △月 △日

2 死亡した者の納める税金又は還付される税金	（所得税及び復興特別所得税の第3期分の税額）	（還付される税金のときは頭部に△印を付けてください。）	△123,456 円…A
3 相続人等の代表者の指定	（代表者を指定されるときは、右にその代表者の氏名を書いてください。）	相続人等の代表者の氏名	
4 限定承認の有無	（相続人等が限定承認をしているときは、右の「限定承認」の文字を○で囲んでください。）		限定承認

すべての相続人について記入します

個人番号の記入も必要です

法定相続分については、195ページを参照

5 相続人等に関する事項

項目				
(1) 住所	（〒XXX－XXXX） 中央区日本橋 ○-○-○	（〒XXX－XXXX） 中央区日本橋 ○-○-○	（〒 － ）	（〒 － ）
(2) 氏名	フリガナ 能率《ノウリツ》 はなこ《ハナコ》 ㊞	フリガナ 能率《ノウリツ》 太郎《タロウ》 ㊞	フリガナ ㊞	フリガナ ㊞
(3) 個人番号	XXXXXXXXXXXX	XXXXXXXXXXXX		
(4) 職業及び被相続人との続柄	職業 なし　続柄 妻	職業 会社員　続柄 子	職業　続柄	職業　続柄
(5) 生年月日	明・大・(昭)・平 ○○年 ○月 ○日	明・大・(昭)・平 ◇◇年 ◇月 ◇日	明・大・昭・平 年 月 日	明・大・昭・平 年 月 日
(6) 電話番号	－ －	－ －	－ －	－ －
(7) 相続分…B	(法定)・指定 1/2	(法定)・指定 1/2	法定・指定	法定・指定
(8) 相続財産の価額	XXXXXX円	XXXXXX円	円	円

6 納める税金等

Aが黒字のとき 各人の納付税額 A × B（各人の100円未満の端数切捨て）	00円	00円	00円	00円
Aが赤字のとき 各人の還付金額（各人の1円未満の端数切捨て）	XXXXXX円	XXXXXX円	円	円

7 還付される税金の受取場所

銀行等の預金口座に振込みを希望する場合	銀行名等	甲乙 (銀行)・金庫・組合・農協・漁協	丙 (銀行)・金庫・組合・農協・漁協	銀行・金庫・組合・農協・漁協	銀行・金庫・組合・農協・漁協
	支店名等	中央 本店・(支店)・出張所・本所・支所	中央 本店・(支店)・出張所・本所・支所	本店・支店・出張所・本所・支所	本店・支店・出張所・本所・支所
	預金の種類	○○ 預金	○○ 預金	預金	預金
	口座番号	1234567	9876543		
ゆうちょ銀行の口座に振込みを希望する場合	貯金口座の記号番号	－	－	－	－
郵便局等の窓口受取りを希望する場合	郵便局名等				

（注） 「**5 相続人等に関する事項**」以降については、相続を放棄した人は記入の必要はありません。

税務署整理欄	整理番号	0	0	0	0
	番号確認　身元確認				

一連番号

5-3 遺族年金を請求する

対象 該当者のみ
時期 5年以内

▼遺族年金とは

遺族年金とは、国民年金および厚生年金について、被保険者が死亡した場合、残された遺族に対して支給される年金制度です。

亡くなった人が加入・受給されていた年金により、支給の対象となる遺族の範囲や支給の用件が異なります。国民年金（遺族基礎年金）と厚生年金（遺族厚生年金）に分けて、支給の要件および申請方法を見ていきましょう。

▼国民年金（遺族基礎年金）とは

遺族基礎年金とは、年金加入者または年金受給者が死亡したとき、遺族に対して国民年金から支給されるものです。受給できる遺族の範囲や年金額は次のページにまとめます。

ポイントは「**18歳未満の子をもつ妻**」か「**18歳未満の子**」に対して支給されるということです。親を亡くした子が18歳以上なら、遺族基礎年金の受給資格はありません。当然、華も支給対象ではありません。

子が20歳を超えているなど該当しない場合でも、一定の要件を満たせば、**寡婦年金**または**死亡一時金**が支給されます（両方の受給要件を満たす場合は、どちらか一方を選択します）。

寡婦年金、死亡一時金の支給要件については、次のページ以降にまとめます。

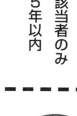

遺族基礎年金の受給

○70歳未満の方の場合

受給の要件	次のいずれかに当てはまるとき（①②の場合は保険料納付要件が必要） ①国民年金の被保険者が死亡したとき ②国民年金の被保険者の資格を失った後、60歳以上65歳未満で日本国内に住んでいる人が死亡したとき ③老齢基礎年金の受給権者が死亡したとき ④老齢基礎年金の受給資格期間（25年）を満たした人が死亡したとき
保険料納付要件	次のいずれかに当てはまるとき ①死亡日の前日において、死亡日の属する月の前々月までの加入期間の3分の2以上が保険料納付済み期間と保険料免除期間である ②死亡日の前々月までの1年間に保険料滞納期間がない
遺族の範囲	死亡した人と生計を同一にしていた（あるいは死亡した人によって生計を維持されていた：前年の年収850万円未満）下記の人が受給できる ①子のある妻　②子 （「子」とは18歳到達年度末日までの子、あるいは等級1·2級の障害のある20歳未満の子を指す）
金額	基本額780,100円＋子の加算（※） ※２人目までは１人あたり224,500円、 ３人目以降は74,800円

<申請期限>

相続開始（被相続人の死亡日）から5年以内

●寡婦年金・死亡一時金の受給

＜受給できる遺族の範囲＞

<table>
<tr><th>要件</th><th>寡婦年金</th><th>死亡一時金</th></tr>
<tr><td>被相続人と生計を同一にし、かつ前年の年収が850万円に満たない、P157の②の子がいない妻</td><td colspan="2">受給対象
※どちらか一方を選択</td></tr>
<tr><td>被相続人と生計を同一にし、かつ前年の年収が850万円に満たない、55歳以上の父母、未成年の孫</td><td>対象外</td><td>受給対象</td></tr>
</table>

＜支給金額＞

寡婦年金	支給期間：60歳～65歳の5年間 支給額：夫が受け取れたであろう老齢基礎年金の4分の3 （例）保険料を30年間納付した場合は44万円程度
死亡一時金	一括の給付 ※支給額は保険料納付済み期間の長さにより変動（12万～32万円）

＜申請期限＞

寡 婦 年 金 ：相続開始から5年以内
死亡一時金：相続開始から2年以内

▼厚生年金（遺族厚生年金）とは

遺族厚生年金は、厚生年金から支給される遺族年金です。遺族厚生年金の受給要件に該当していれば、遺族基礎年金とあわせて遺族厚生年金を受け取ることができます。

遺族基礎年金とは受給される遺族の範囲が異なり、**「子のない妻」でも受給することができます。**ただし、妻が30歳未満の場合、遺族厚生年金は5年間しか受給できません。受給される遺族の範囲や申請方法を、次のページにまとめます。

なお、遺族厚生年金には、**中高齢寡婦加算**と**経過的寡婦加算**という年金の加算制度があります。くわしくは161ページを見てください。

▼選択と併給

年金の受け取りは「1人1年金」が原則となります。つまり、遺族年金（なお遺族基礎年金と遺族厚生年金はひとつとみなされる）を受け取っているときに、別の年金を受け取ることができる場合は、どちらかの年金を選択して受け取ることになります。たとえば遺族基礎（厚生）年金or障害厚生年金、遺族基礎（厚生）年金or旧厚生年金の遺族年金、遺族基礎（厚生）年金or特別支給の老齢厚生年金などが考えられます。

ただし、以下のようなケースでは、2つ以上の年金を受け取ること（**併給**）ができます。

・遺族厚生年金と老齢基礎年金
・遺族厚生年金と障害基礎年金

●遺族厚生年金の受給

受給の要件	次のいずれかに当てはまる場合（①②の場合、保険料納付要件が必要） ①厚生年金の被保険者が死亡したとき ②厚生年金の被保険者の期間中に初診のある傷病が原因で、初診日から5年以内に死亡したとき ③1級または2級の障害厚生年金の受給権者が死亡したとき ④老齢厚生年金の受給権者が死亡したとき ⑤老齢厚生年金の受給資格期間（25年）を満たした人が死亡したとき
保険料納付要件	次のいずれかに当てはまる場合 ・死亡日の前日において、死亡日の属する月の前々月までの加入期間の3分の２以上が保険料納付済期間と保険料免除期間である ・死亡日の前々月までの1年間に保険料滞納期間がない
遺族の範囲	死亡した人と生計を同一にしていた（あるいは死亡した人によって生計を維持されていた：前年の年収850万円未満）下記の人が次の順位で受給できる ①妻、夫（死亡時55歳以上で60歳から受給）、子（18歳未満、あるいは等級1･2級の障害のある20歳未満の子） ②父母（死亡時55歳以上で60歳から受給） ③孫（18歳未満、あるいは等級1･2級の障害のある20歳未満の孫） ④祖父母（死亡時55歳以上で60歳以上から受給） ※子のない妻で、夫の死亡時に30歳未満の場合、5年の有期年金となる（子のない妻でも受給可）
金額	報酬比例部分の年金額×４分の３ ※被保険者月数が300月未満の場合は300月と見なして計算

<申請期限>

相続開始（被相続人の死亡日）から5年以内

● 中高齢寡婦加算・経過的寡婦加算の受給

中高齢寡婦加算	＜加算額＞ 579,700円 ＜受給対象＞ ・夫の死亡時に①子のいない40歳以上の妻か、②子が18歳の年度末になった時点で40歳以上65歳未満の妻 ・40歳以上65歳未満までの間に遺族厚生年金に加算
経過的寡婦加算	＜加算額＞ 中高齢寡婦加算－（老齢基礎年金の満額×乗率※） ※乗率は、生年月日により変動 ＜受給対象＞ 妻が65歳になると支給停止になる中高齢寡婦加算に代わり、65歳以降に経過的寡婦加算が支給される （妻が昭和31年4月1日以前生まれの場合に限る）

●遺族年金の申請方法

提出書類	年金請求書
申請先	（国民年金）市区町村役場の国民年金係 （厚生年金）被相続人の勤務先を管轄する社会保険事務所
申請期限	相続開始から５年以内 ※死亡一時金は２年以内
申請できる人	（国民年金）157ページ参照 （厚生年金）160ページ参照
必要なもの	□ 印鑑 □ 預貯金通帳 □ 住民票写し（被相続人の除票＋申請者分） □ 所得証明（または非課税証明） □ 戸籍謄本（申請者）／除籍謄本（被相続人） □ 死亡診断書（または死亡届記載事項証明） □ 年金手帳および基礎年金番号通知書（被相続人・申請者） □ 在学証明書（18歳未満の子がある場合）あるいは診断書（障害のある20歳未満の子がある場合　など

年金請求書　見本

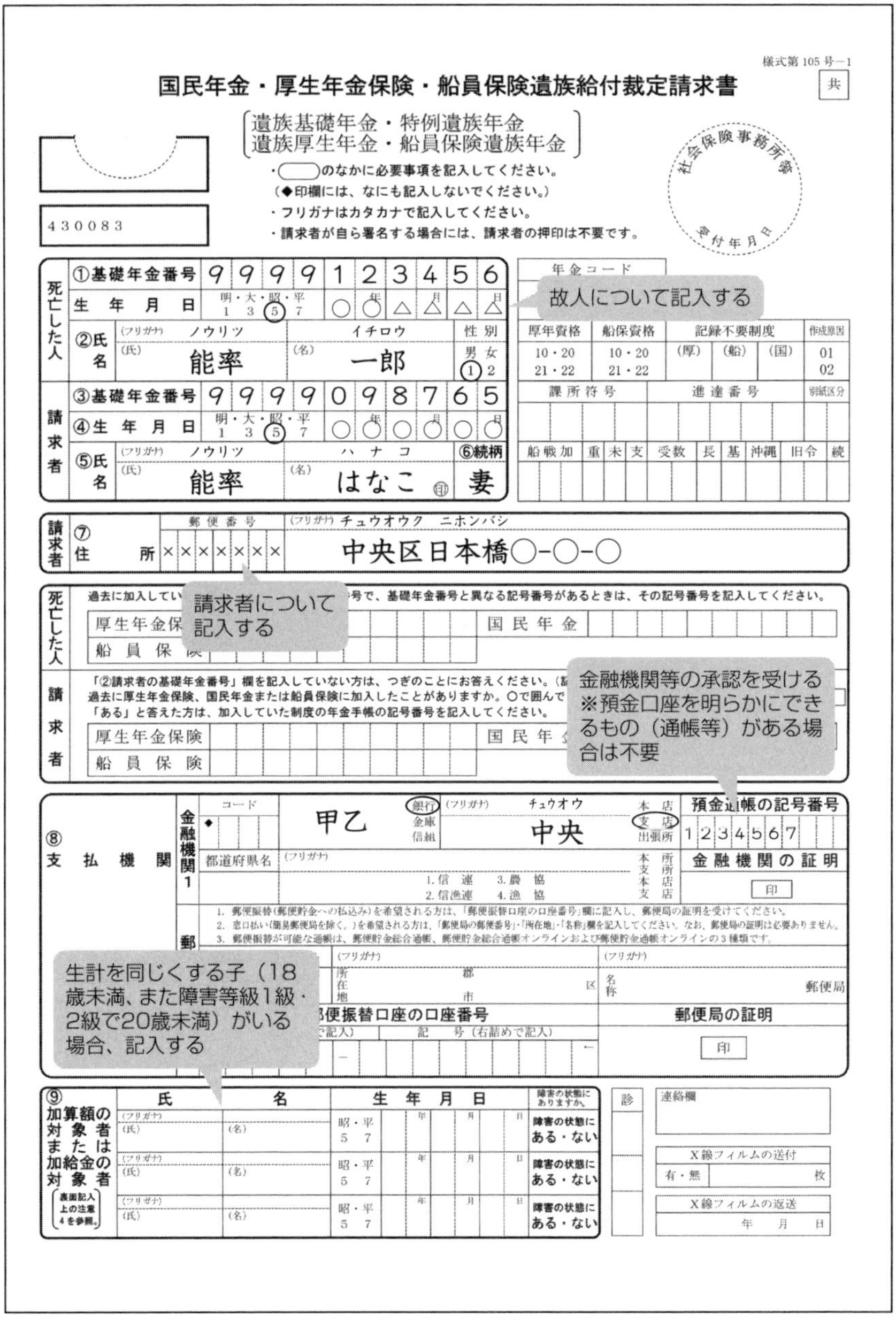

様式第105号－1

国民年金・厚生年金保険・船員保険遺族給付裁定請求書　共

〔遺族基礎年金・特例遺族年金
遺族厚生年金・船員保険遺族年金〕

430083

・（　）のなかに必要事項を記入してください。
（◆印欄には、なにも記入しないでください。）
・フリガナはカタカナで記入してください。
・請求者が自ら署名する場合には、請求者の押印は不要です。

社会保険事務所等　受付年月日

死亡した人	①基礎年金番号	9999123456				
	生年月日	明・大・昭・平 1 3 ⑤ 7	○年 ○ ○ 月 △ △ 日 △ △			
	②氏名	(フリガナ) ノウリツ	(氏) 能率	(フリガナ) イチロウ	(名) 一郎	性別 男① 女2
請求者	③基礎年金番号	9999098765				
	④生年月日	明・大・昭・平 1 3 ⑤ 7	○○年○○月○○日			
	⑤氏名	(フリガナ) ノウリツ	(氏) 能率	(フリガナ) ハナコ	(名) はなこ ㊞	⑥続柄 妻

年金コード				
厚年資格	船保資格	記録不要制度		作成原因
10・20 21・22	10・20 21・22	(厚) (船) (国)		01 02
課所符号	進達番号			別紙区分
船戦加 重 未 支 受数 長 基 沖縄 旧令 続				

請求者 ⑦住所	郵便番号 ×××××××	(フリガナ) チュウオウク　ニホンバシ　中央区日本橋○-○-○

死亡した人　過去に加入してい…号で、基礎年金番号と異なる記号番号があるときは、その記号番号を記入してください。
厚生年金保険 ／ 国民年金 ／ 船員保険

請求者　「②請求者の基礎年金番号」欄を記入していない方は、つぎのことにお答えください。
過去に厚生年金保険、国民年金または船員保険に加入したことがありますか。○で囲んで…
「ある」と答えた方は、加入していた制度の年金手帳の記号番号を記入してください。
厚生年金保険 ／ 国民年金 ／ 船員保険

⑧支払機関
金融機関1　コード ◆　甲乙 （銀行）金庫 信組　(フリガナ) チュウオウ　中央 本店 （支店） 出張所　預金通帳の記号番号 1234567
都道府県名　(フリガナ)　1.信連 3.農協 2.信漁連 4.漁協　本所 支所 本店 支店　金融機関の証明　印
郵
1. 郵便振替（郵便貯金への払込み）を希望される方は、「郵便振替口座の口座番号」欄に記入し、郵便局の証明を受けてください。
2. 窓口払い（簡易郵便局を除く。）を希望される方は、「郵便局の郵便番号」・「所在地」・「名称」欄を記入してください。なお、郵便局の証明は必要ありません。
3. 郵便振替が可能な通帳は、郵便貯金総合通帳、郵便貯金総合通帳オンラインおよび郵便貯金通帳オンラインの3種類です。
(フリガナ) 所在地　都　市　区　(フリガナ) 名称　郵便局
郵便振替口座の口座番号　…で記入）　記号（右詰めで記入）　郵便局の証明　印

⑨加算額の対象者または加給金の対象者（裏面記入上の注意4を参照。）	氏	名	生年月日	障害の状態にありますか。
	(フリガナ) (氏)	(名)	昭・平 5 7 年 月 日	障害の状態にある・ない
	(フリガナ) (氏)	(名)	昭・平 5 7 年 月 日	障害の状態にある・ない
	(フリガナ) (氏)	(名)	昭・平 5 7 年 月 日	障害の状態にある・ない

診　連絡欄
X線フィルムの送付　有・無　枚
X線フィルムの返送　年　月　日

故人について記入する
請求者について記入する
金融機関等の承認を受ける※預金口座を明らかにできるもの（通帳等）がある場合は不要
生計を同じくする子（18歳未満、また障害等級1級・2級で20歳未満）がいる場合、記入する

年金請求書　見本

記入上の注意　・国民年金・厚生年金保険の遺族給付を請求する人は⑪および⑫欄を記入してください。
・船員保険の遺族給付を請求する人は⑪および⑬欄を記入してください。

⑪ 必ず記入してください。

(1) 死亡した人の生年月日、住所	昭和○○年 ○月 △日	住所 千代田区駿河台○-○-○
(2) 死亡年月日	(3) 死亡の原因である疾病または負傷の名称	(4) 疾病または負傷の発生した日
平成○○年 ○月 ○日	誤嚥性肺炎	平成○○年 ○月 △日
(5) 疾病または負傷の初診日	(6) 死亡の原因である疾病または負傷の発生原因	(7) 死亡の原因は第三者の行為によりますか。
平成○○年 ○月 ×日	不明	1. はい ・ (2.) いいえ

(8) 死亡の原因が第三者の行為により発生したものであるときは、その者の氏名および住所　氏名

(9) 請求する人は、死亡した人の相続人になれ…　(1.) はい ・ 2. いいえ

故人に関する情報を記入する

(10) 死亡した人は次の年金制度の被保険者、組合員または加入者となったことがありますか。あるときは番号を○で囲んでください。

(1.) 国民年金法　(2.) 厚生年金保険法　3. 船員保険法（61年4月以後を除く）
4. 国家公務員共済組合法　5. 地方公務員等共済組合法　6. 私立学校教職員共済法
7. 農林漁業団体職員共済組合法　8. 旧市町村職員共済組合法　9. 地方公務員の退職年金に関する条例　10. 恩給法

(11) 死亡した人は、(10)欄に示す年金制度から年金を受けていましたか。	1. はい (2.) いいえ	受けていたときはその制度名と年金証書の年金コードまたは記号番号等を記入してください。	制度名	年金証書の年金コードまたは記号番号等

⑫ 国民年金・厚生年金保険の遺族給付を請求するときに記入してください。

(1) 死亡した人が次の年金または恩給のいずれかを受けることができたときは、その番号を○で囲んでください。

1. 地方公務員の恩給　2. 恩給法（執行官法附則第13条において、その例による場合を含む。）による普通恩給
3. 日本製鉄八幡共済組合の老齢年金または養老年金　4. 旧外地関係または旧陸海軍関係共済組合の退職年金給付

(2) 死亡した人が昭和61年3月までの期間において国民年金に任意加入しなかった期間が、次に該当するときはその番号を○で囲んでください。

1. 死亡した人の配偶者が⑪の(10)欄(国民年金を除く)に示す制度の被保険者、組合員または加入者であった期間
2. 死亡…および(1)欄に示す制度の老齢年金または退職年金を受けることができた期間
3. 死亡…く)に示す制度の老齢年金または退職年金の受給資格期間を満たしていた期間
4. 死亡した人の配偶者が⑪の(10)欄(国民年金を除く)および(1)欄に示す制度から障害年金を受けることができた期間
5. 死亡した人または配偶者が戦傷病者戦没者遺族等援護法の障害年金を受けることができた期間
6. 死亡した人が⑪の(10)欄(国民年金を除く)および(1)欄に示す制度から遺族に対する年金を受けることができた期間
7. 死亡した人が戦傷病者戦没者遺族等援護法の遺族年金または未帰還者留守家族手当若しくは特別手当を受けることができた期間
8. 死亡した人または配偶者が都道府県議会、市町村議会の議員および特別区の議会の議員ならびに国会議員であった期間
9. 死亡した人が都道府県知事の承認を受けて国民年金の被保険者とされなかった期間

当てはまるものを選択する

(3) 死亡した人が国民年金に任意加入しなかった期間が、上に示す期間以外で次に該当するときはその番号を○で囲んでください。

1. 死亡した人が日本国内に住所を有さなかった期間
2. 死亡した人が日本国内に住所を有していた期間であって日本国籍を有さなかったため国民年金の被保険者とされなかった期間
3. 死亡した人が学校教育法に規定する高等学校の生徒または大学の学生であった期間
4. 死亡した人が昭和61年4月以後の期間において下に示す制度の老齢または退職を事由とする年金給付を受けることができた期間
ただし、エからサに示す制度の退職を事由とする年金給付であって年齢を理由として停止されている期間は除く。
ア. 厚生年金保険法　イ. 船員保険法（改正後を…　…公務員共済組合法
オ. 地方公務員等共済組合(ケを除く)　カ. 私立学校教職員共済法…　…組合法
ク. 国会議員互助年金法　ケ. 地方議会議員共済会　…に関する条例
サ. 執行官法附則第13条

当てはまるものを
選択する（上記同様）

(4) 死亡した人は国民年金に任意加入した期間について特別一時金を受けたことがありますか。	1. はい ・ (2.) いいえ
(5) 昭和36年4月1日から昭和47年5月14日までの間に沖縄に住んでいたことがあります。	1. はい ・ (2.) いいえ
(6) 旧陸海軍等の旧共済組合の組合員であったことがありますか。	1. はい ・ (2.) いいえ

(7) 死亡の原因は業務上ですか。	(8) 労災保険から給付が受けられますか。	(9) 労働基準法による遺族補償が受けられますか。
1. はい ・ 2. いいえ	1. はい ・ 2. いいえ	1. はい ・ 2. いいえ

年金請求書　見本

(10) 遺族厚生年金を請求する人は、下の欄の質問に答えてください。その結果アからエのいずれかに「はい」と答えた人で、オまたはカについても「はい」と答えた人は、そのうち1つを選んでください。それにより裁定します。	選んだ記号を記入してください。	
ア．死亡した人は死亡したとき、厚生年金保険の被保険者でしたか。		1．は　い・2．いいえ
イ．死亡の原因となった疾病または負傷が昭和61年3月31日以前の ○死亡した人は死亡したとき、厚生年金保険（船員保険）の被保険者 厚生年金保険（船員保険）の被保険者であった間に発生した疾病 内ですか。		は　い・2．いいえ
ウ．死亡の原因となった疾病または負傷が昭和61年4月1日以後の発生であるとき。 ○死亡した人は死亡したとき、厚生年金保険の被保険者の資格を喪失した後であって、厚生年金保険の被保険者であった間に初診日のある疾病または負傷の初診日から5年以内ですか。		1．は　い・2．いいえ
エ．死亡した人は死亡したとき、障害厚生年金（2級以上）または、旧厚生年金保険（旧船員保険）の障害年金（2級相当以上）を受けていましたか。		1．は　い・2．いいえ
オ．死亡した人が大正15年4月1日以前の生まれのとき。 ○死亡した人は旧厚生年金保険（旧船員保険）の老齢年金・通算老齢年金の受給権者、または受給資格期間を満たしていましたか。		1．は　い・2．いいえ
カ．死亡した人が大正15年4月2日以後の生まれのとき。 ○死亡した人は老齢厚生年金または旧厚生年金保険（旧船員保険）の老齢年金・通算老齢年金の受給権者、または受給資格期間を満たしていましたか。		1．は　い・2．いいえ
(11)　死亡した人が共済組合等に加入したことがあるときは、下の欄に答えてください。		1．は　い・2．いいえ
ア．死亡の当時は、共済組合等に加入していましたか。		1．は　い・2．いいえ
イ．死亡の原因は公務上の事由によりますか。		1．は　い・2．いいえ
ウ．請求者は同一事由によって共済組合等から遺族給付を受けられますか。		1．は　い・2．いいえ

当ててはまるものを選択する

⑬ 船員保険の遺族給付を請求するときに記入してください。

(1)　死亡した人の死亡の原因は次のいずれかに該当しますか。番号を○で囲んでください。，		1．職務上・2．通勤災害
(2)　船員保険から行方不明手当金の支給を受けたことがありますか。		1．は　い・2．いいえ
(3)　請求する人が、死亡した人の妻であって55歳未満で加給金対象者の子がなく、かつ、障害により労働能力がない状態にあるときは記入してください。		障害の状態に該当した年月日 年　月　日
(4)　死亡の当時、使用されていた船舶所有者について記入してください。	名称(氏名)	
	住　所	

⑭ 生計維持・同一証明

生計同一関係

右の者は死亡者と生計を同じくしていたこと　および配偶者と子が生計を同じくしていたことを申し立てる

（証明する。）

平成〇〇年　〇月　〇日

請求者　住　所　中央区日本橋〇-〇-〇
（証明者）　氏　名　能率　はなこ　㊞
（職　名）

請求者	氏　名	続柄
	能率　はなこ	妻

（注）1　この申立は、民生委員、町内会長、事業主、社会保険…ることができます。
2　この申立（証明）には、それぞれの住民票を添えてく…

請求者が記名・押印する

生計維持を証明する書類を別途提出する

収入関係

1．この年金を裁定請求する人は次に答えてください。		※確認印	＊社会保険事務所等の確認事項
(1)請求者（名：はなこ）について年収は、850万円未満(注)ですか。	(は　い)・いいえ	（　）印	ア．健保等被扶養者（第三号被保険者） イ．加算額または加給年金額対象者 ウ．国民年金保険料免除世帯 エ．義務教育終了前 オ．高等学校等在学中 カ．源泉徴収票・非課税証明書
(2)請求者（名：　　）について年収は、850万円未満(注)ですか。	は　い・いいえ	（　）印	
(3)請求者（名：　　）について年収は、850万円未満(注)ですか。	は　い・いいえ	（　）印	
(4)請求者（名：　　）について年収は、850万円未満(注)ですか。	は　い・いいえ	（　）印	
2．上記1で「いいえ」と答えた者のうち、その者の収入がこの年金の受給権発生当時以降おおむね5年以内に850万円未満(注)となる見込みがありますか。	は　い・いいえ		

（注）平成6年11月8日まで受給権が発生している方は、「600万円未満」となります。

＊　**請求者が生計維持の申立てを行う際に自ら署名する場合は、請求者の押印は必要です。**

平成　　年　　月　　日　提出

年金請求書　見本

> 国民年金加入期間は、当時住んでいた住所を記入する

> 勤務先の名称、所在地について記入する

> 詳細な加入期間（勤務期間）がわからない場合は、わかる範囲で（例：年月、季節等）で記入する

> 故人が最後に勤務していた会社について記入する

⑮　履歴（公的年金制度加入経過）
※　できるだけくわしく、正確に記入してください。

の電話番号（ 03 ）−（1234）−（5678）

	(1) 事業所（船舶所有者）の名称および船員であったときはその船舶名	(2) 事業所（船舶所有者）の所在地または国民年金加入時の住所	(3) 勤務期間または国民年金の加入期間	(4) 加入していた年金制度の種類	(5) 備考
最初		中央区日本橋○-○-○	昭和 ××・××・ から 昭和 ×△・△△・ まで	①国民年金 2. 厚生年金保険 3. 厚生年金(船員)保険 4. 共済組合等	
2	株式会社○○産業	千代田区丸の内○-○-○	昭和 ×△・△△・ から 平成 △△・△△・ まで	1. 国民年金 ②厚生年金保険 3. 厚生年金(船員)保険 4. 共済組合等	
3				1. 国民年金 保険 (船員)保険 等	
4				保険 (船員)保険 等	
5			・　・ から ・　・ まで	1. 国民年金 2. 厚生年金保険 3. 厚生年金(船員)保険 4. 共済組合等	
6			・　・ から ・　・ まで	1. 国民年金 2. 厚生年金保険 3. 厚生年金(船員)保険 4. 共済組合等	
7			・　・ から ・　・ まで	1. 国民年金 2. 厚生年金保険 3. 厚生年金(船員)保険 4. 共済組合等	
8			・　・ から ・　・ まで	1. 国民年金 2. 厚生年金保険 3. 厚生年金(船員)保険 4. 共済組合等	
9			・　・ から ・　・ まで	1. 国民年金 2. 厚生年金保険 3. 厚生年金(船員)保険 4. 共済組合等	
10			・　・ から ・　・ まで	1. 国民年金 2. 厚生年金保険 3. 厚生年金(船員)保険 4. 共済組合等	
11			・　・ から ・　・ まで	1. 国民年金 2. 厚生年金保険 3. 厚生年金(船員)保険 4. 共済組合等	
12			・　・ から	1. 国民年金 2. 厚生年金保険 3. 厚生年金(船員)保険 合等	
13			・　・ まで	金 金保険 金(船員)保険 4. 共済組合等	

(6) 死亡した人が最後に勤務した事業所について記入してください。 (1) 事業所（船舶所有者）の名称を記入してください。	名称　株式会社○○産業	
(2) 健康保険（船員保険）の被保険者証の記号番号がわかれば記入してください。	記号 012	番号 345
⑯ 死亡した人が退職後、個人で保険料を納める第四種被保険者、船員保険の年金任意継続被保険者となったことがありますか。	1. はい・②いいえ	
なったことがあるときは、保険料を納めた社会保険事務局、社会保険事務所、または社会保険事務局の事務所の名称を記入してください。		
その保険料を納めた期間を記入してください。	昭和 平成　年　月　日から	昭和 平成　年　月　日
第四種被保険者（船員保険任意継続被保険者）の整理記号番号を記入してください。	（記号）	（番号）

5-4 実家を片付ける

対象 全員
時期 じっくり

「ゴミ屋敷」は他人事ではない？

相続の手続きに入る前に、多くのみなさんを悩ませる問題。それが実家の片付けです。実家が片付いている人はいいのですが、高齢の親だけが住んでいた家には、大量のゴミが捨てられずに残っている可能性があります。

私の実家のマンションも、ヘルパーさんが出入りするリビングと寝室、トイレまわりだけはある程度片付けてありましたが、それ以外の部屋は、足の踏み場もないくらい物が散乱して、まさに「ゴミ屋敷」状態でした。

何でも大事にとっておくという元々の性格と、体力が落ちて重い荷物を運べない状態が重なると、新聞やチラシの束さえ、捨てるのが億劫になります。晩年の母は物忘れがひどく、テレビショッピングで同じものを何回も買ったりして、使わない家電やら何やらが箱ごとうず高くつまれていました。

また、ゴミはエレベーターで階下のゴミ集積場に運ぶのですが、オムツの臭いがエレベーターにこもることを気にして、なかなか捨てられないということもあるでしょう。私も実家に行くたびに階段で運んでいました。

思い入れがあるだけに時間がかかる

最終的に実家を売りに出すにしろ、誰かが相続して移り住むにしろ、大量のゴミをそのままにしておくわけにはいきません。そこで、四十九日が過ぎて落ち着いた頃からボチボチ片付け始めるのですが、何しろこれが終わりません。

まず、手紙や書類関係にはすべて目を通して、遺言書（6―3参照）や隠し財産（6―5参照）の手がかりがないか、確認する必要があります。故人に隠すつもりはなくても、どこかに紛れたまま亡くなってしまうことも考えられるので、あるかどうかわからない宝探しを延々と続けることになります。しかも、家族のアルバムや子どもの頃の思い出の品々が出てくるたびに作業の手が止まり、思い出に浸ってしまうので、なかなかはかどらないものです。

実家が近ければ、週末を利用するなどして何度か通えば片付けることができるかもしれませんが、遠く離れている場合、通うといっても限度があります。そういうときは、プロの掃除業者を頼むことをおすすめします。

COLUMN　自分で片付けるのはこんなに大変！

実家の近所に住んでいた私は、仕事を終えて時間のあるときは実家に通い、自分で捨てられるものはすべて捨て、粗大ゴミもできるだけ区の収集車に引き取ってもらいましたが、それ以外の大きな家具などは業者を呼んで引き取ってもらいました（大きな家具が多かったこともあり、20万円以上支払うことになりました）。アクセサリー類や着物などは別の業者を呼んで査定してもらいましたが、ブランド品にはまったく興味がなかった母の持ち物はほとんど値がつかず、全部で1万円ほどにしかなりませんでした。

第6章

相続の手続き（～10か月）

STORY 6　相続ってこんなに大変なの？

STORY 6 相続ってこんなに大変なの？

とにかく大変な作業なのでプロにお願いしちゃうと楽です、ということは言えます
はあ…
これが相続手続きの流れを表にしたものなのですが…
ギャッ!!

相続の流れと期限

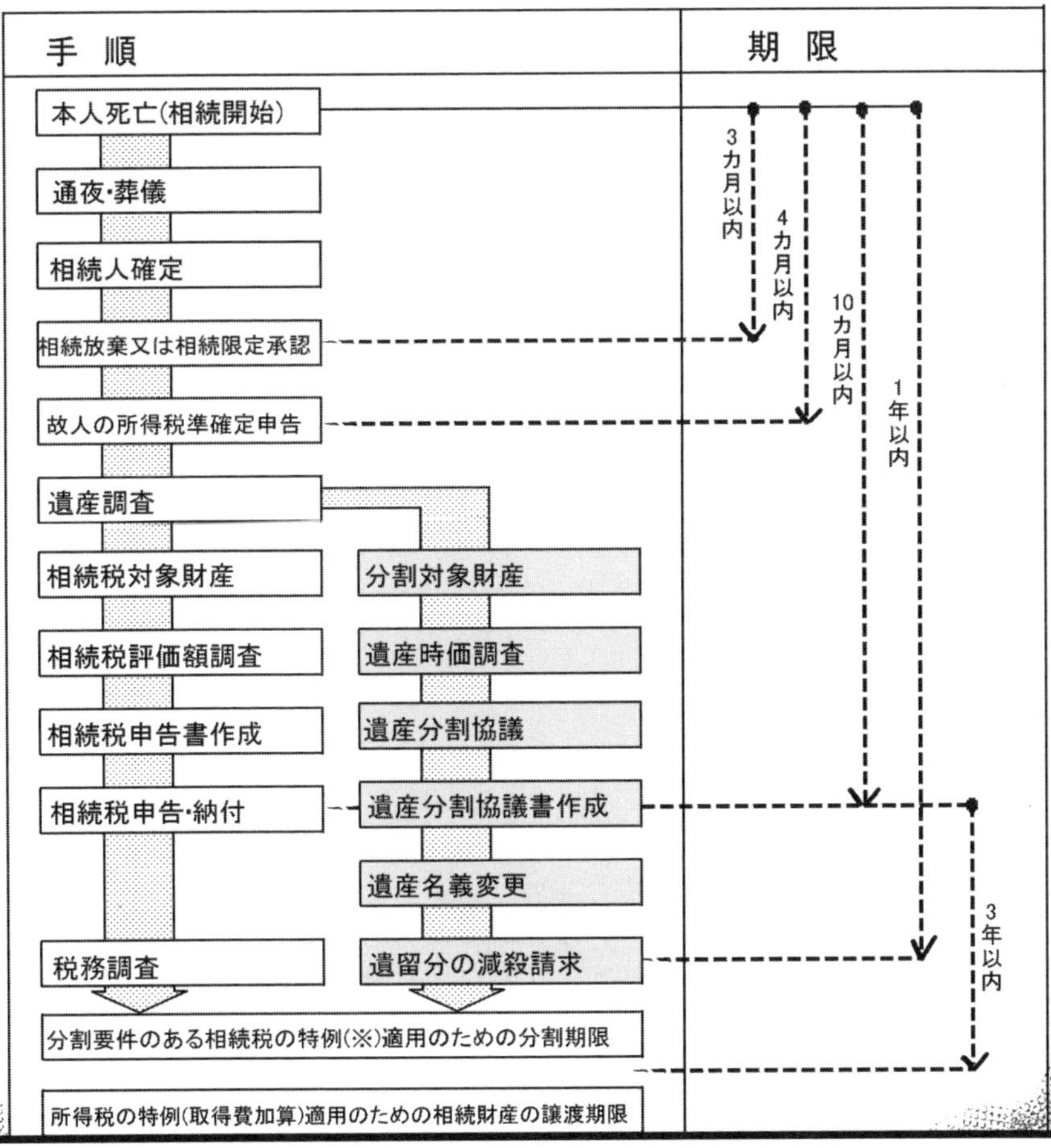
手 順
期 限
本人死亡(相続開始)
通夜・葬儀
相続人確定
相続放棄又は相続限定承認
故人の所得税準確定申告
遺産調査
相続税対象財産
相続税評価額調査
相続税申告書作成
相続税申告・納付
税務調査
分割対象財産
遺産時価調査
遺産分割協議
遺産分割協議書作成
遺産名義変更
遺留分の減殺請求
分割要件のある相続税の特例(※)適用のための分割期限
所得税の特例(取得費加算)適用のための相続財産の譲渡期限
3カ月以内
4カ月以内
10カ月以内
1年以内
3年以内

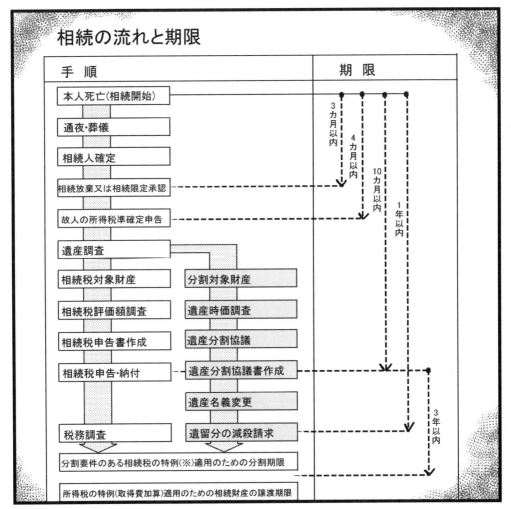

ギャッ？
す、すみません 相続の本にも こんな表が最初に あって わからなくて…
そうですよね
相続では、
・税金のプロ（税理士）
・書類作成のプロ（司法書士）
・法律のプロ（弁護士）
の誰かに頼めば、プロ同士の ネットワークで手続きを 進めてくれますよ
へー これを自分で やらなくて いい？
もちろん やらないといけない ところもありますよ
「分割協議」※ これは自分たちで 話し合って決めます
※誰がどれを 相続するか 決めること
土地
現金
自分でやること、 やらなくていい ことがはっきり するだけでも ストレスが減る と思いますよ
相続の手続きの 大変な部分は
書類を集めたり
書類を 読みこなしたり
計算をしたり
よりよい方法を 比較したり
それらを自分でやると 大変な手間がかかるので プロに任せると楽ですよ、 ということですね

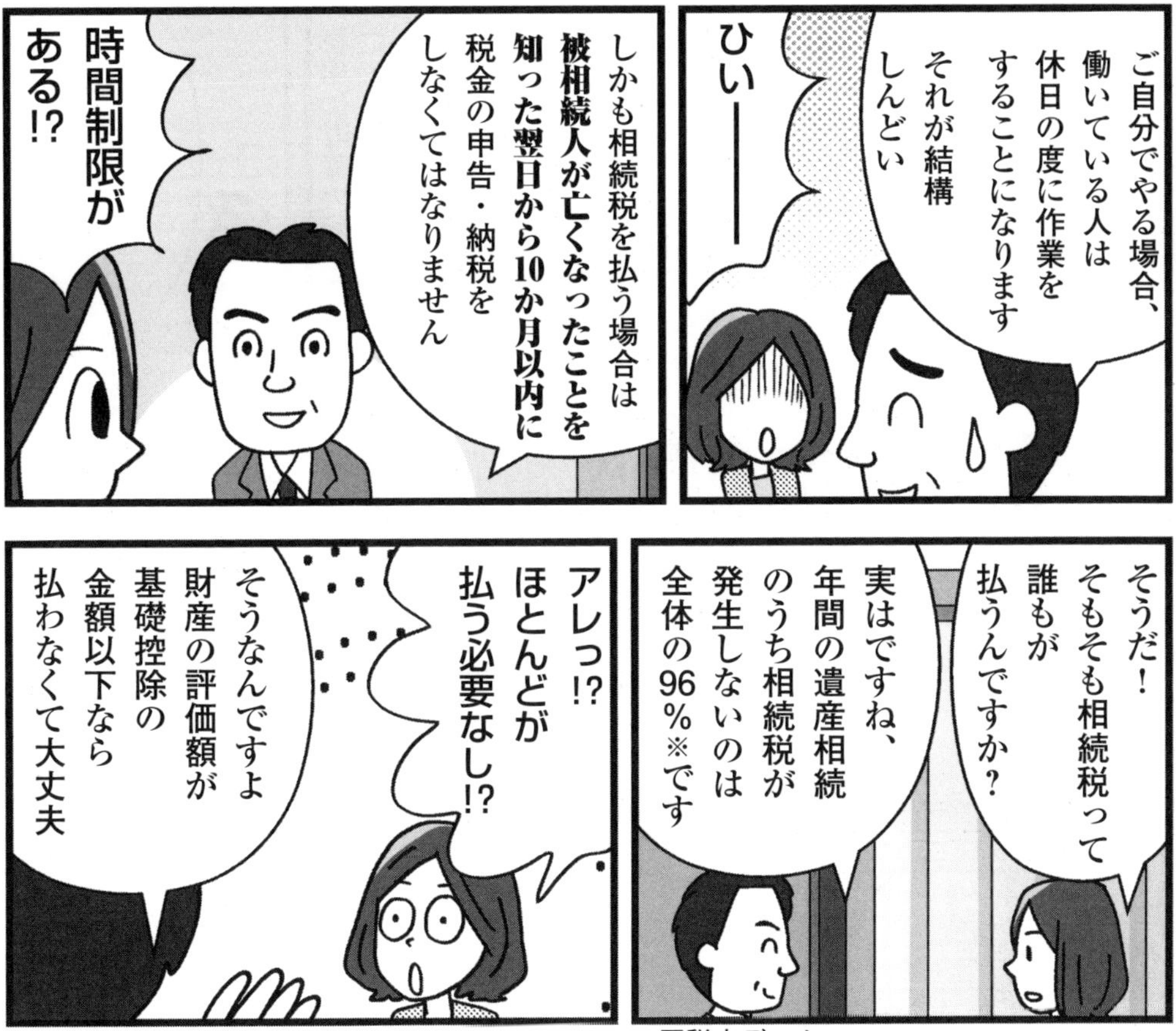
ご自分でやる場合、働いている人は休日の度に作業をすることになります
それが結構しんどい
ひぃーーー
しかも相続税を払う場合は被相続人が亡くなったことを知った翌日から10か月以内に税金の申告・納税をしなくてはなりません
時間制限がある!?
そうだ！そもそも相続税って誰もが払うんですか？
実はですね、年間の遺産相続のうち相続税が発生しないのは全体の96％※です
アレっ!?ほとんどが払う必要なし!?
そうなんですよ財産の評価額が基礎控除の金額以下なら払わなくて大丈夫

※国税庁データ

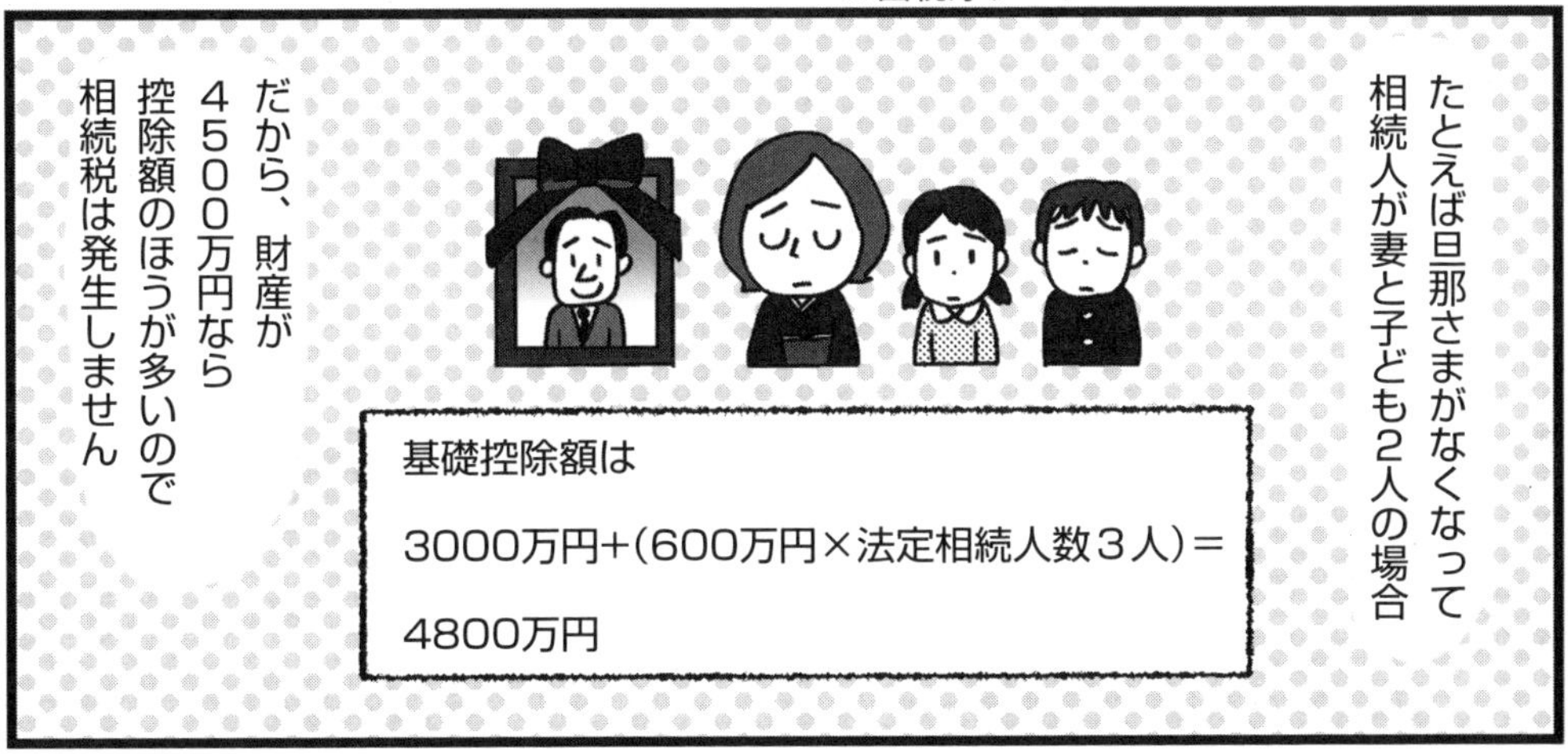
たとえば旦那さまがなくなって相続人が妻と子ども2人の場合
基礎控除額は
3000万円＋(600万円×法定相続人数３人)＝
4800万円
だから、財産が4500万円なら控除額のほうが多いので相続税は発生しません

じゃあウチも多分払わなくていいほう…
ほっ
税率は財産の額によって変わります財産が20億円以上ある場合は税率55%にもなりますよ
半分以上!?
それじゃあ大きなお屋敷は残らないわけですよねー
そうですね
お屋敷が…
建て売り住宅に…とか
でもお金持ちほど相続でもめるんでしょう?
みなさんそうおっしゃるんですけどね
遺産分割協議でもめると家庭裁判所で調停をして解決することになりますが
その件数のうち4分の3は5000万以下の相続なんです
ええっ!意外…!!
相続税が発生しなければ税務署に申告をしなくてもOK
そうですよね
相続税はなしだ!!
OK!!

申告が必要な場合は10か月の間に済ませなくてはなりませんが期限がないので逆にいつまでももめることに…
うわ〜〜〜
では、逆にプロに頼まなくてもよい場合は？
はい
旦那さまが亡くなって奥さまとお子さまがいる場合
奥さまに相続される（一次相続という）ので基本的にもめないケースですね
家も持ち家ではなく、財産が預貯金だけの場合
相続としてはとてもわかりやすいケースなのでプロに頼まなくてもよいかもしれません
BANK
貯金
ほかには分割協議の時に相続人の間で話し合いが済んでいるケース
実際は長男が家を継ぐ「本家相続」が多いので
長男
俺が実家を継いでお墓の面倒をみる
だから現金を弟妹で分ける形でいいかな？
ありがとう兄さん
これはもめないのでプロに頼まなくても大丈夫かもしれません
もし、プロに頼まず自分で相続手続きをやってみよう、という場合「これは大変だ！」という部分を教えてもらえますか？
そうですね…

まず、相続人を確定する作業なのですが
亡くなった方の出生から死亡までの戸籍謄本を取得して結婚や離婚、養子縁組などがないかを調べます
具体的にはどんなふうに?
本籍のある役所に必要な書類をそろえて申請し送り返してもらいます
役所 戸籍係 御
出生から死亡まで同じ市町村だった方は戸籍は1枚でいいんです
1枚
ずっとここに住んでる!
でも、途中で戸籍を変えている方がいると結構大変です
そこをたどってすべての戸籍をそろえます
相続人を確定するために必要な作業なんです
そこで…結婚、離婚、前妻との間に子どもがいたことがわかった場合
それもすべて戸籍を調べます
離婚!
前妻との子どもにも相続の権利が発生しますので…
もめる予感しかしませんね
でもそんな例はまれ…?
キッパリ!
わりとよくあります

その場合はどうしたら…？
これは専門家に任せたほうがいいでしょうね
あとね、読めない戸籍があります
読めない？？
物理的に読めないんです
昔の戸籍は全部手書きで、しかも古い漢字を使っているので…
さっぱり読めない
ガーン
ということがあります
プロの方は読めるんですか？
読める技術を持っている者が社内の人間に教えます
おお!?
読める!!
読めるぞ!!
訓練すると読めるようになります
…ほんとですか…
あと、子どものいない方の相続はややこしいことが多いんです
子どもがいないと相続人が親、兄弟、兄弟の子ども、甥、姪にいくのでややこしくなります
この場合もプロに頼んだほうがいいと思いますよ
独身のおばさん
親
兄
兄の子供
…
あと…遺産調査という遺産がどれくらいあるかを確定させる作業ですが
通帳とか証書を家で探してくれるんですか？

探します
家中？
はい
何も出てこなかったら？
経験上それはないですなにかしら見つかります
この作業を自分でやろうとするといつまでたっても終わらないんです
懐かしい思い出のものが次々出てきて作業が進みません
絶対そうですよね…
たとえば預金通帳や証書が見つからなくてもどうにもできないわけではありません
いつも使っている手書きの電話帳に銀行、証券会社、保険会社の連絡先があって確認することができたり
部屋にあるカレンダーで取引先銀行がわかったり
郵便物や名刺で判明したりもします
2
○○BANK
ほほーなるほど！

もし、相続の体験を本にしようとか、相続の勉強をしたいという方はご自分でやられるのもいいかと思いますけど
それ以外の方はプロに頼んだほうが…
たしかにそうですね
あと気になるのが料金なのですが
詳細な金額は詳しく伺ってからじゃないと出せませんが
私の事務所ですとこのような金額です
相続の名義変更　40,000円〜
(以下含む)
・金融機関からの必要資料の取り寄せ
・相続関係図の作成
・金融機関への同行、代行
相続税申告　210,000円〜
(以下含む)
・財産目録の作成
・遺産分割協議書の作成
・相続税申告書の作成
・名義変更に必要な書類の整備
おおー値段の目安がわかるだけでもよかったです
今お話しした「大変な部分」は、あくまでも書類をつくる上でのことで「もめない相続」にするための大変さは別にありますけどね
え…
また別に〜〜〜〜??
キャー!!

※あくまでも一例です

6-1 相続手続きの基本

対象 全員該当
期間 6か月程度

相続のスケジュールを確認しよう

ここからは手続きのクライマックスともいえる相続について見ていきます。

四十九日法要が終わり、ようやくひと息ついたと思ったら、今度は、相続という問題が大きく立ちはだかります。

残されたのが親一人子一人なら、ひとまず親が全部相続し、その親が死亡した後、子どもが全部相続すればいいので、もめることもないでしょうが、子どもが複数いる場合や、子どもがいない場合は、喪が明ける前後から、関係者がソワソワし始めます。

「実家はどうするのか」「財産はいくらあるのか」「そもそも遺言書は残っているのか」が気になりだしたら、相続の手続きをスタートします。

相続税は、相続の発生（被相続人の死亡）から10か月以内に申告することが法律によって規定されています。10か月というと長いように感じるかもしれませんが、四十九日法要・納骨が終わるまで、相続については考える暇さえないという人が多いのではないでしょうか。

理想をいえば、相続開始後6か月間で「相続財産の評価」まで進むと、それ以降の分割協議や相続税の計算、申告手続きがスムーズです。

以下、くわしく見ていきます。

相続のスケジュール

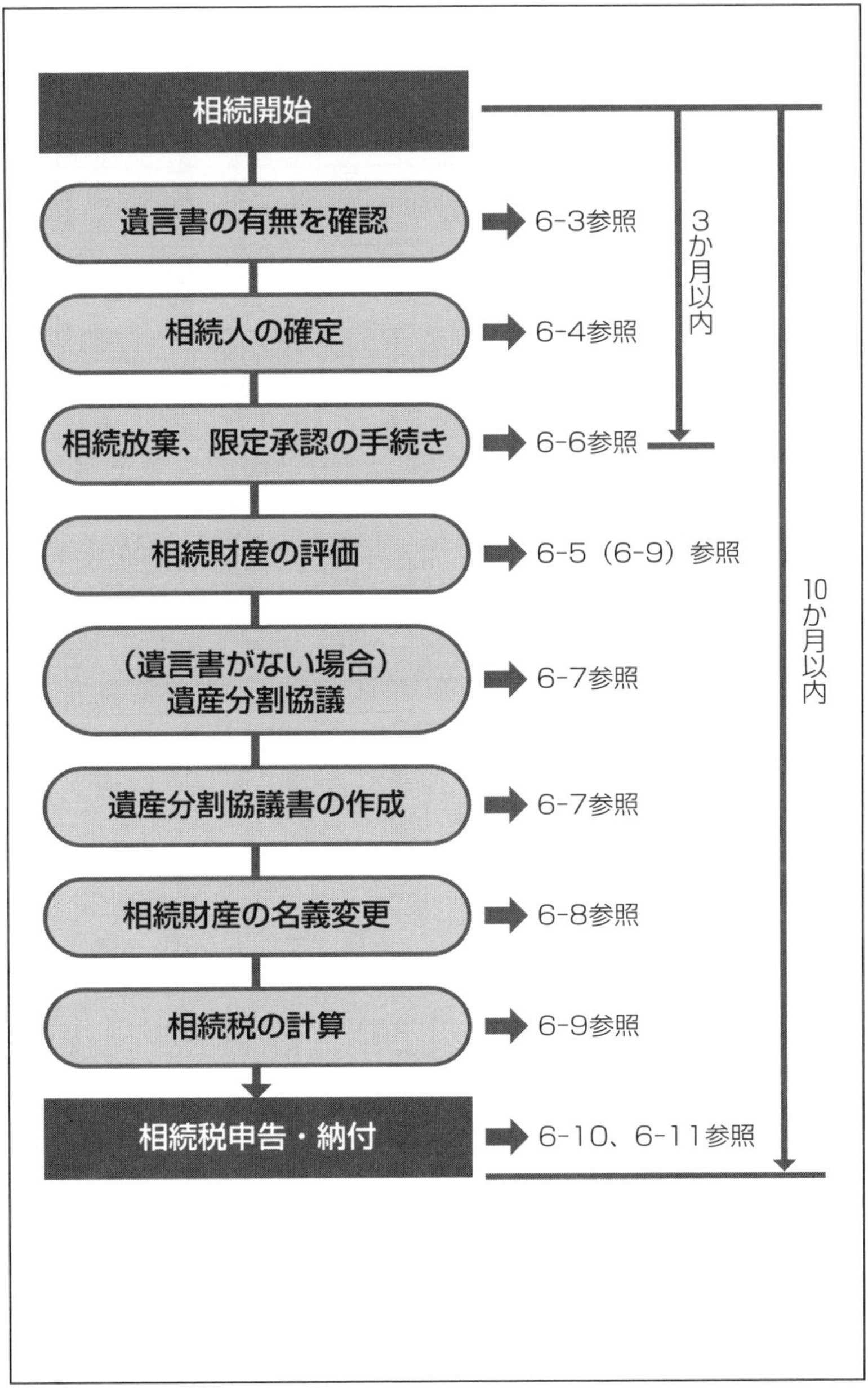
相続開始
遺言書の有無を確認
6-3参照
相続人の確定
6-4参照
相続放棄、限定承認の手続き
6-6参照
3か月以内
相続財産の評価
6-5（6-9）参照
（遺言書がない場合）
遺産分割協議
6-7参照
遺産分割協議書の作成
6-7参照
相続財産の名義変更
6-8参照
相続税の計算
6-9参照
相続税申告・納付
6-10、6-11参照
10か月以内

6-2 相続のプロに依頼する

対象 全員
期間 6か月程度

相続の手続きは信頼できるプロに依頼することをおすすめします

▼プロに頼むという選択

葬儀社の柳田さんの紹介で税理士事務所を訪れた華。

「そもそも相続手続きってプロにお願いするものなんでしょうか?」という華の質問は、みなさん自身の疑問でもあるのではないでしょうか。

税理士の川野さんの説明にあるように、実際の相続の場面では、96%は相続税が発生しません。

しかし、**税金を納めるかどうかにかかわらず、相続人が複数いるなら、後でもめないためにも、プロの手を借りたほうがいい**と私は考えています。

少なくとも遺産の中に実家が含まれているなら、不動産の移転登記でプロ（司法書士）の手を借りることになるはずなので、どうせお願いするなら、最初からお願いしたほうが楽だと思うのです。

私自身も個人事業主として、毎年確定申告をお願いしている税理士がいるので、その方にアドバイスをもらいつつ、準確定申告などの実務をお願いしました。実家マンションの相続にあたっては税理士経由で司法書士を紹介してもらい、不動産の移転登記をしました。

相続人にもそれぞれの生活があり、働きながら手続きを進めるには、できるだけ楽をする。相続するのは、たいてい数千万円以上の資産です。数十万円の出費なら、十分に元が取れるはずです。

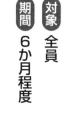

COLUMN　マンションだけが残った

私がプロに依頼した理由を説明しましょう。

両親の介護は近くに住んでいた私がほぼ一人でやり抜きましたが（もちろん私の家族の協力があったからこそできたことです）、私には一人暮らしの兄と、離れた土地に嫁いだ姉がいます。

そして、残された財産はマンションのみ。借金こそなかったものの、事情があって預金はほとんど底をつき、かろうじて保険で葬儀費用をまかなえたというレベルでした。

当初、マンションは売るつもりでした。要介護度の高い父が先に亡くなるものとばかり思っていたからで、物忘れはひどいものの、ほとんど病気らしい病気をしたことがなかった母は、父亡き後も何十年と生き続けるだろうから、マンションを売ってどこかの施設に入ってもらうつもりでした。そのことは姉にも伝えてありました。

ところが、予想外に母が先に逝ってしまったため、マンションを売らずに済みました。父の介護費用は年金でまかなえていたので、預金はなくとも日常生活に影響はありません。

ここに至ってはじめてマンションの相続を真剣に考え始めました。

私はフリーで仕事をしています。介護の負担が重くのしかかり、仕事量が減った結果、この２年間で収入は半減し、その穴を埋めるため借金も積み上がっていました。私には実家をもらう権利があるのではないか。でも正直、お金でもめたくありませんでした。相続人は血を分けた兄弟姉妹です。もめるくらいなら、いっそのこと売り払って三等分にしたほうがいいのではないかと悩みました。そして、もめないためにプロにお願いすることにしたのです。

当事者同士だとトラブルになりやすいという話は、あちこちで耳にしていました。間にプロに入ってもらい、手続き上のミスをなくし、誤解を受けないようにしておくことが、話し合いの土台になると思ったのです。

結果的に、私の心配はまったくの杞憂で、兄も姉も快く私の提案を受け入れてくれました。姉に「2人の面倒をみてもらったし、最初からそのつもりだったよ」と言ってもらったときは、涙が出るくらいうれしかった。誰だって、もめたくないのです。

6-3 遺言書を探す

対象 全員
期間 6か月程度

▼まずは遺言書の有無を調べる

税理士から最初に言われたのは、**「遺言書が残っていないか、徹底的に探せ」**ということでした。遺言書は親・家族（被相続人）の意志ですから、遺言書がある場合、基本的にその内容に従わなければいけません。

私のように、遺言の存在を知らされていないケースもあるでしょう。その場合、自宅や病院、貸金庫など、大切なものを保管していそうな場所をくまなく探します。実家の片付けをしながら、私は遺言書と金融資産が残されていないか、必死に探していたわけです。結局、何も出てこなかったのですが……。

▼遺言書の検認手続き

法律的に効果のある遺言は主に次の3つです。

・**自筆証書遺言**…遺言書の全文（日付および氏名含む）を自書し、押印する。
・**公正証書遺言**…証人2人の立会いのうえ、公証役場の公証人の関与により作成し、原本を公証役場で保管する。検認手続き不要。
・**秘密証書遺言**…遺言者が署名押印した書面を封印し、公証人と証人2人に封書が遺言書であることを伝える。

公正証書遺言によって遺言を残している場合、

公証役場に原本が保管されます。その場合、最寄りの公証役場で、遺言の有無を確認することができます（**遺言検索**）。遺言検索を行う場合は、相続人の戸籍謄本と本人確認書類、被相続人の除籍謄本が必要です。

公正証書遺言以外の遺言書は、相続開始後、家庭裁判所での**検認**の手続きが必要です。

検認とは、遺言があったことを相続人全員に知らせるとともに、家庭裁判所で、遺言書の内容を確認し、それ以降の偽造や変造を防止するための手続きです。

検認には1～2か月間かかりますが、これが終わらないと自筆証書遺言や秘密証書遺言によって、遺産預金の解約や不動産の登記名義変更などができません。

遺言の効果と遺留分

遺言の内容はすべて効果があるわけではありません。遺言書が効力をもつのは、主に次のページのような事項です。

基本的に遺言書の内容が最優先されるものの、「財産はすべて愛人に相続させる」などと書いてあれば、家族としてとうてい納得できないでしょう。そこで民法では、被相続人の意志にかかわらず、一定の相続人が最低限相続できる財産として、**遺留分**を定めています。

遺留分がどれだけあるかは、相続人の立場により異なります。詳細は次ページにまとめます。なお、遺留分は請求の手続きをしないと手元には入ってきません（**遺留分減殺請求**）。

●遺言書が効力をもつ事項（主な例）

子の認知	認知していなかった子どもを死後に認知し、財産を相続させることができる
遺贈	法定相続人以外の者を財産の受取人に指定できる
未成年後見人、未成年後見監督者の指定	相続人の中に未成年者の子どもがいる場合、それに代わる後見人、後見人を管理する監督人を指定できる
相続人の廃除	特定の相続人の相続権の失効を家庭裁判所に請求できる
相続分の指定	どの財産を誰にどれだけ相続させるか指定できる
祭祀主宰者の指定	仏壇、墓などを引き継ぎ、葬儀・法事などの祭祀を主宰する人を指定できる

●遺留分について

相続人は？	相続人全体の遺留分	遺留分の中の内訳
配偶者のみ	$\frac{1}{2}$	—
配偶者と子		配偶者$\frac{1}{2}$・子ども$\frac{1}{2}$
配偶者と父母		配偶者$\frac{2}{3}$・父母$\frac{1}{3}$
子どものみ		$\frac{1}{2}$を人数で分ける
父母のみ	$\frac{1}{3}$	$\frac{1}{3}$を父母で分ける

※兄弟（姉妹）に遺留分はありません。

COLUMN 遺言があるのは１割未満？

実際の相続の場面で、遺言があるのは10％程度。遺言はないのがふつうです。「もしものことがあった時のために備えよう」と話題になった「エンディングノート」については、実は一度も見たことがないとうかがいました。ですから、遺言がなくても親・家族を恨まないでください。

6-4 相続人を確定する

対象 全員
時期 6か月程度

▼誰が相続人になれるのか？

民法に基づいて、財産を引き継ぐ権利のある人を「相続人」といいます。相続人になれるのは、次ページの図のとおりの人です。これ以外の人たちが相続人となるのは、遺言でそのように定められた場合のみです。

被相続人の配偶者は常に相続人となり、それ以外の相続人には順位がついています。

相続人になれるのは、配偶者を除き、血のつながった家族に限られます。再婚した配偶者の連れ子は養子縁組をしない限り相続人になれません。また、内縁の妻・夫、愛人も相続人にはなれません。

一方、養子は実子と同じ身分になるので相続人になれます。

▼相続人になれない場合

相続人の地位にあっても、いつでも相続人になれるとは限りません。まず、被相続人に対して殺害や脅迫などといった著しい非行を行った人は、自動的に相続権を失います（**相続の欠格**）。

また、**相続人の廃除**といって、被相続人の意志によって相続権を失わせることのできる制度もあります。被相続人の虐待や重大な侮辱、その他著しい非行があった場合、被相続人が家庭裁判所に請求し（または遺言を行い）、認められることで

●法定相続人

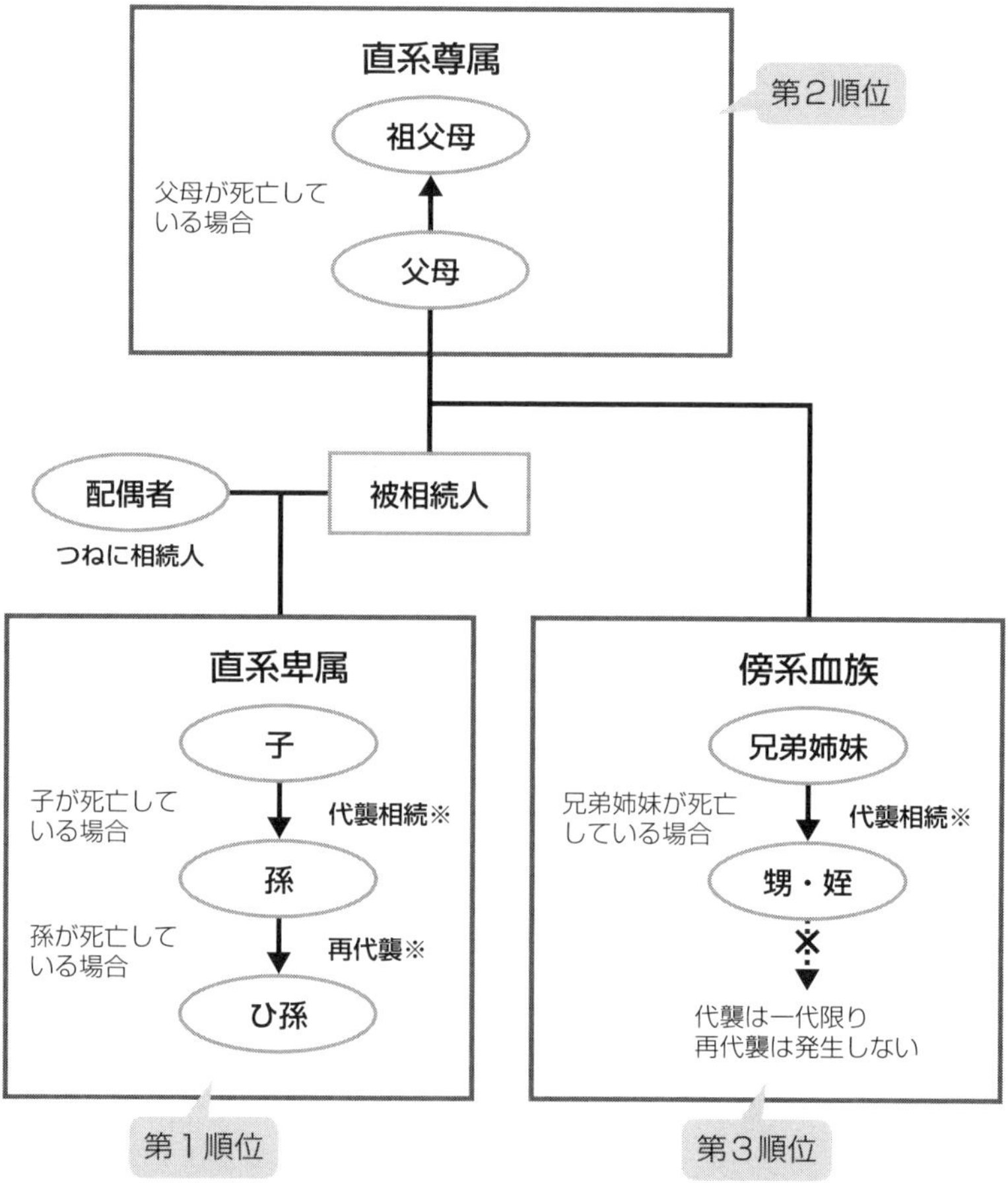

※第1順位の子が被相続人よりも先に死亡していた場合、さらにその子（被相続人の孫）が相続することを**代襲相続**という。孫も被相続人より先に死亡している場合、ひ孫が相続する**（再代襲）**。また、第1順位・第2順位の相続人がひとりもおらず、さらに第3順位の兄弟姉妹が先に死亡していた場合、兄弟姉妹の子（被相続人の甥・姪）が相続する**（代襲）**が、代襲は一代限りで再代襲は認められていない。

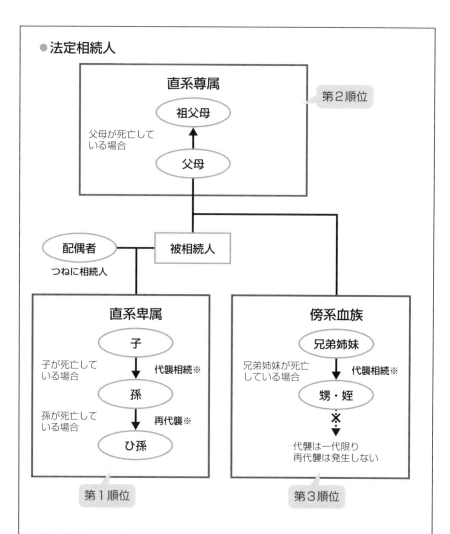

相続権を失わせることもできます。

戸籍から正確な相続人を特定する

正しい相続人を調べるために、**戸籍調査**を行います。故人の出生から死亡までの連続した戸籍を入手することになりますが、現住所の戸籍（除籍）謄本を調べるだけでは不十分です。亡くなった方の戸籍をさかのぼって取得し、ほかに相続人がいないことを特定する必要があります。たとえば、血がつながっていても、愛人の子どもは認知されていないと相続人にはなれません（被相続人が男性の場合）が、認知された場合は相続人となります。戸籍調査によって、そうした隠れた相続人が明らかになるケースもあります。

戸籍調査は、まずは現住所の戸籍の確認から始め、そこに記載されている自治体から取り寄せる――という要領でさかのぼっていくことができますが、これは想像以上に面倒です。税理士や司法書士に依頼したほうがいいでしょう。

COLUMN 「隠れた相続人」ってどんな場合？

戸籍調査で苦労するのは、子どもがいない場合や家庭事情が複雑な場合です。子どもがいない場合、同列の順位の人が増えるため負担が増します（相続人が27人もいたこともあるそうです）。なお、家庭事情が複雑な場合、「隠れた相続人」が明らかになるのは主に次のようなケースです。

- 隠し子（非嫡出子）
- 非嫡出子として生まれた子が母親の戸籍に記載されない（かつては父親の戸籍にのみ記載されたことが多い）
- 養子縁組を行ったものの戸籍を移していない

6-5 相続財産を特定する

対象 全員
期間 6か月程度

財産の手がかりを得るため、実家をくまなく探します

▼相続が必要な財産を探す

相続人を特定したら、次は相続の対象となる「財産」を明らかにします。相続財産を正しく把握できないと手続きを誤りかねませんので、慎重に行います。まずは実家をくまなく探して手がかりを得ます。

・通帳、カード→銀行で残高証明書を入手する（戸籍謄本などの提出が必要）
・権利証、不動産登記本、売買契約書→特に不動産については必ず照会を行う
・有価証券、金融機関からの郵便物→取引内容を確認
・借用書、請求書など→取引内容を確認

死亡後、葬儀費用などを引き出しても疑われないように、銀行の残高証明書は「故人の死亡日」の残高をとりましょう。

▼不動産登記事項証明書で実家の状況を確認

全国の法務局で**不動産登記事項証明書**を入手し、不動産の権利者や抵当権設定の有無など、不動産の権利の状況について調査します。取得は誰でも可能です。

調査は、法務局（登記所）で行います。その前に、固定資産税納税通知書や不動産の登記済権利証・登記識別情報通知書、売買契約書などをもとに、不動産の地番や家屋番号を調べます。

6-6 相続放棄・限定承認の手続き

対象 全員
期間 3か月以内

▼相続しないこともできる

どのような場合でも相続を行わなければいけないわけではありません。**「相続をしない」**という選択肢もあります。

相続の対象となる財産には、プラスの財産だけではなく、借金というマイナスの財産もあります（6−7参照）。全部まとめて相続するのが基本となるため、次のようなしくみがあります。

▼相続放棄と限定承認

まずは**「相続放棄」**です。たとえば、財産は借金だけとわかっている場合、一切相続しないという選択をすることもできます。相続放棄をすると、何も財産はもらえなくなりますが、借金を背負う必要もありません。

また、**「限定承認」**というしくみもあります。借金も財産も両方あり、あとになって借金のほうが多いことがわかった場合でも、限定承認をしていれば、プラスの財産の範囲内で借金を返せばいいことになります。

相続放棄（単独で可）、限定承認（相続人全員で申し立て）は、**相続があることを知った日から3か月以内**に、家庭裁判所に申し述べを行います。

なお、相続人全員が相続放棄をした場合、次の順位の者が相続人となります。

●相続放棄と限定承認

相続放棄	一切相続を行わない (相続財産が借金のみ場合など)
限定承認	プラスの財産の範囲内で負債を負う (財産もあるが借金もある場合など)

●相続放棄、限定承認の申し述べ

期日	相続があることを知った日から3か月以内
届出先	家庭裁判所
手続きができる人	相続人(限定承認は相続人全員が共同で申し述べを行う)
必要なもの	□ 申述書 □ 被相続人の住民票(除票)(または戸籍の附票) □ 申述人の戸籍謄本 □ 被相続人との相続関係を証する戸籍・除籍・改製原戸籍謄本など

COLUMN 相続放棄をする人はどれくらいいるの?

相続の実務において、「借金のほうが多くて財産はまったくない」というのはよほどのことで、ギャンブルに明け暮れていた……という人が例外的にいる程度だといいます。そのため、相続放棄という制度は、実際はあまり使われていないそうです。

6-7 遺産分割協議

対象 該当者のみ（遺言がなかった場合）

時期 10か月以内

▼遺言がなかった場合は話し合いで決める

相続人と財産の内容が明らかになったら、次は**誰が何を相続するか**を決めます。遺言があれば遺言の内容が最優先されますが、遺言がない場合、誰が何を引き継ぐのか相続人全員で話し合って決めることになります。これが**遺産分割協議**です。

遺産分割協議は相続税の申告期限内（相続開始を知った日から10か月以内）に終わらせます。この期限をすぎると、税制上の優遇措置が受けられなくなるうえ、延滞税がかかってしまいます。

▼本家相続と均分相続

遺産分割というと、配偶者が2分の1、残りの2分の1を子どもの数で均等に割る**「法定相続分」**のルールがよく知られています。小川家の例でいうと、不動産や預貯金などの資産が合計３６００万円あったとしたら、華と朋の2人は、１８００万円ずつ相続する権利があるわけです。ところが、資産の内訳が、実家の不動産３０００万円、金融資産６００万円だったとすると、実家を売らない限り、均等に割ることができません。

税理士法人レガシィの調査では、日本人の相続の6割が**「本家相続」**だといいます。長男（故人が経営者の場合は事業の継承者）か、故人と同居していた子が実家を引き継ぎ、お墓を守っていく伝統的な日本のスタイルです。

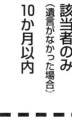

先祖代々守ってきた土地を手放すのはしのびない。親戚の手前、売れないということもあるのでしょう。一方、故郷を離れ、新しい土地で購入した家にそこまで思い入れはない、という人もいるはずです。どちらが正しいということはないので、相続人同士で話し合い、お互いに納得して決めるのが大切です。

しかし、お金がからむと、どうしてももめるケースが出てきます。いったん感情がこじれると、当事者同士では解決できないので、いわゆる「骨肉の争い」を避けるためにも、最初から第三者（プロ）に間に入ってもらったほうがいいと思います。民法が規定する**「法定相続分」**のルールは、あくまで**相続でもめたときの最後の手段**です。

私の場合、実家のマンション以外、何の資産も残っていませんでした。そこで、私が実家を相続し、お墓と仏壇を守る代わりに、兄と姉には自分が出せる最大限のお金を渡し、「これで勘弁してください」と頭を下げました。幸いにも2人はそれで納得してくれました。

財産目録の作成

相続の対象となる財産には、196ページのようなものがあります。

土地、建物、借地権、預貯金、有価証券、生命保険など、相続財産が多種類にわたる場合、財産を網羅した**「相続財産目録」**を作成します。これをあらかじめ相続人全員に配っておけば、協議がスムーズに進みやすくなるでしょう。

目録には、建物や会員権のほか、庭園設備や家財道具などといったものまで、お金に換算できるすべての財産を記載します。

●法定相続分の計算方法

①第１順位：相続人が配偶者と子どもの場合

⇒配偶者1/2、子ども1/2

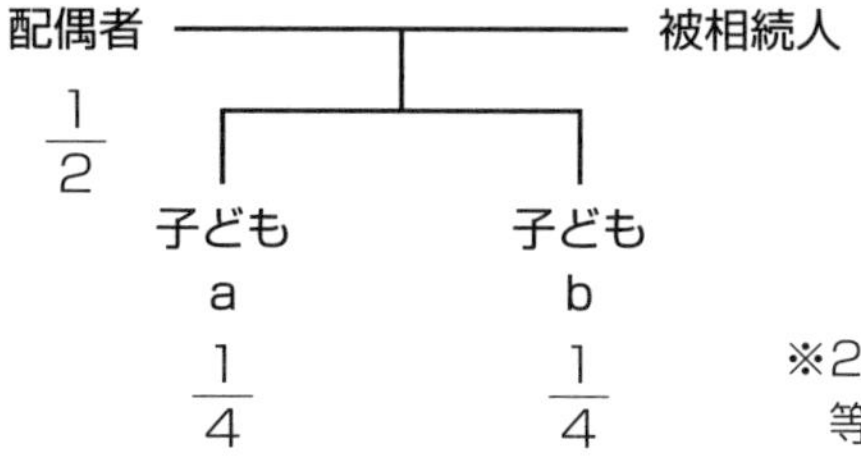

※2人以上いるときは等分する

②第２順位：相続人が配偶者と父母の場合

⇒配偶者2/3、父母1/3

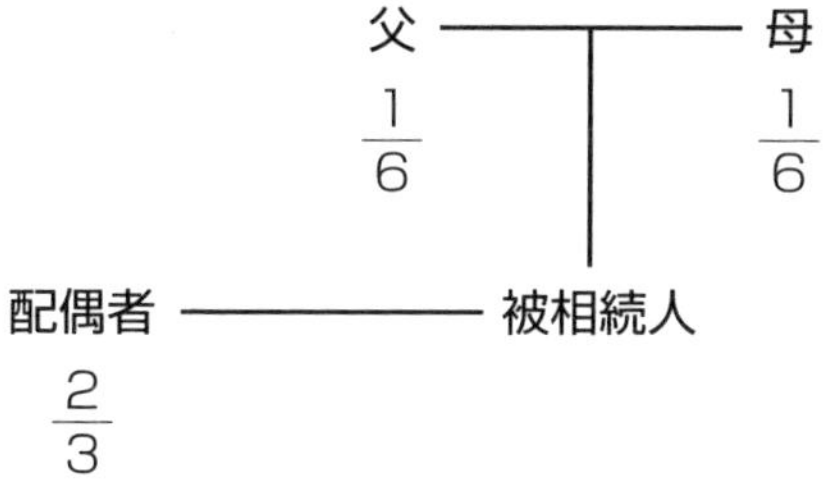

③第３順位：相続人が配偶者と兄弟姉妹の場合

⇒配偶者3/4、兄弟姉妹1/4

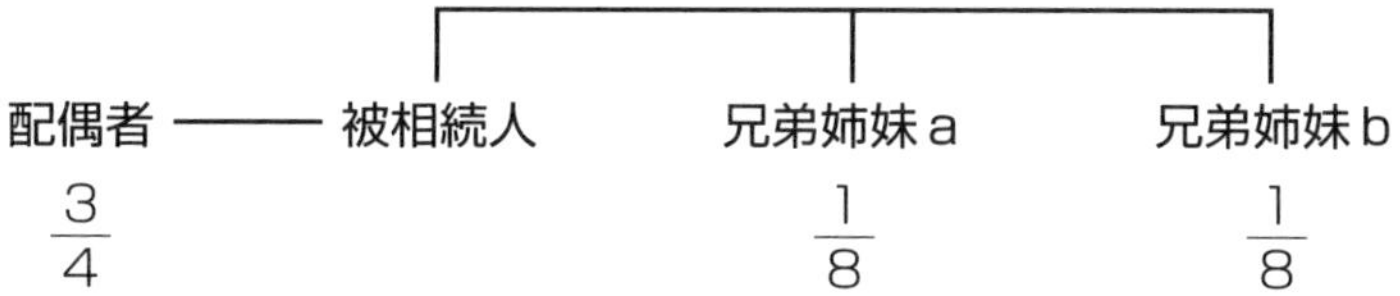

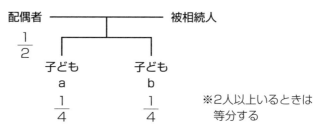

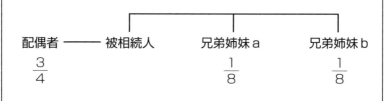

●相続財産にはどのようなものがあるか？

プラスの財産	土地・建物、借地権・貸宅地、現金・預貯金・有価証券、生命保険金・退職手当金・生命保険契約に関する権利、貸付金・売掛金、特許権・著作権、貴金属・宝石・自動車・家具、ゴルフ会員権、書画・骨董、自社株など
マイナスの財産	借入金・買掛金、未払いの所得税・固定資産税・住民税など、預かり敷金・保証金、未払いの医療費
非課税財産	お墓・永代供養代金・香典・国などに寄附した財産、生命保険金・退職手当金のうち一定額

財産目録は時価評価で記載するのが基本です。

土地なら、路線価ではなく時価に近い公示価格で記載します（時価＝路線価×1.25と計算することもできます）。時価表示により、禍根《かこん》の芽をあらかじめつむことが期待できます。

▼生前贈与、寄与分を考慮する

生前、被相続人から相続人に対して、相続財産の前渡しといえるほど多額な贈与があった場合、贈与を受けていた人の相続による取得分が減らされることがあります（**特別受益**）。

また、相続人が被相続人の財産の維持や増加に寄与した場合、その分について考慮しようという制度もあります（**寄与分**）。

こうした制度も、禍根を残さず、もめない相続を進めるために、参考にしましょう。

▼遺産分割の方法

遺産の分け方も、基本的には相続人の間で合意が得られる方法であることが重要です。

代表的な４つの方法を下の表にまとめます。

▼スムーズに協議を進めるために

スムーズに協議を進めるために、特に以下の場合は、注意してください。

・原則として相続人全員が参加する
・相続人の中に未成年の子どもがおり、なおかつ親権者も相続人であるため、利益相反が生じて代理人となれない場合、家庭裁判所に申し立てて特別代理人を選任する
・相続開始時に胎児がいる場合は、生まれてから遺産分割を行わなければならない

● 遺産分割の方法

現物分割	自宅は配偶者、土地は長男、預貯金は長女というように、遺産を現物のまま相続人に振り分ける方法 ※財産によって価値にバラつきがある場合もある
換価分割	土地や不動産などすべての財産を売却し、現金にしたうえで分割する方法 ※売却により譲渡所得税などの税金が発生することも
代償分割	分割しづらい財産について、ひとりの相続人が相続し、ほかの相続人に現金で差額を支払うことで相続割合を公平にする方法
共有分割	財産を遺産分割協議や法定相続分の割合に応じて共有する方法

▼分割協議がまとまったら

遺産分割協議が無事に成立したら、その内容に応じて相続の手続きを行っていきます。そこで必要となるのが、**「遺産分割協議書」**の作成です。次ページの見本をご覧ください。

遺産分割協議書には、誰が、どの相続財産を、どのように取得するかという協議の内容をまとめ、相続人全員が押印（実印）するとともに、印鑑証明書を添付します。相続人の人数分作成し、それぞれ保管します。

▼もめたらどうなる？

どれだけ注意して協議を進めても、うまく話がまとまらなくなってしまった場合、家庭裁判所に申し立てて調停が行われます。それでもまとまらない場合は、審判になります。

過去のデータを見ていくと、相続開始から10か月以内に協議がまとまらなかったケースは4％程度。特に、二次相続（両親の一方が亡くなったときに発生する相続を一次相続、もう一方が亡くなったときに発生する相続を二次相続といいます）の場合、一次相続に比べてもめることが多くなりやすいようです。

調停になると、短くても半年、一般的には1年程度、解決までに時間を要します。

争っている間は、遺産はすべて共有となり、たとえば相続税の納付のために相続財産の一部（土地など）を売ろうとしても、ひとりでも反対者がいる限りは処分できなくなってしまいます。もめると損をするのは、結局自分たちなのです。

なお、協議・調停・審判のどの段階でも弁護士に依頼することができます。

遺産分割協議書　見本

実印　実印

相続人全員の捨印を冒頭部分に押印する（誤植があった場合に備える）

遺産分割協議書

本籍　　○○市△△一丁目2番3号
被相続人　小川享子

平成○年○月○日死亡により開始したる被相続人小川享子の法定相続人全員で分割協議を行った結果、次のとおり遺産を分割し取得することに決定した。

1. 相続人　小川華は次の遺産を取得する。

株式会社○○銀行　△△支店　普通預金　口座番号1234567　　12,345,000円

預貯金等は、金融機関、口座番号、金額等を記載する

2. 相続人　蓼科朋は次の遺産を取得する。

(1) 土地
所在　茨城県○○市△△一丁目
地番　2番3号
地目　宅地
地籍　×××㎡

不動産は、不動産の登記事項証明書（登記簿謄本）の記載どおりに記載する

(2) 家屋
所在　茨城県○○市△△一丁目2番3号
地番　2番3号
種類　居宅
地目　軽量鉄骨造スレート葺2階建て
地籍　1階××㎡　2階△△㎡

すべての遺産等をもれなく記載するのは現実的には困難なため、このような記載をしておくと万全各相続人が、氏名を自署し、実印にて押印する

3. 本分割協議書に記載のない遺産・債務及び後日判明した遺産・債務については、相続人・小川華が2分の1、相続人・蓼科朋が2分の1の割合でそれぞれ取得・承継する。

上記のとおり、相続人全員による遺産分割の協議が成立したので、これを証するために本証書を作成し、次に各自署名押印する。

平成○年△月△日

相続人　住所　文京区◇◇1丁目2番3号123
氏名　小川　華　実印

各相続人が、氏名を自署し、実印にて押印する

相続人　住所　柏市○○1丁目2番3号
氏名　蓼科　朋　実印

複数枚にわたる場合は、各人が契印する

6-8 相続財産を名義変更する

対象　該当者のみ
時期　10か月以内

▼金融機関での手続き

分割協議をとおして、誰が、何を相続するかが確定したら、必要に応じて、財産の名義変更、払い戻し、解約などを行います。これらの手続きは司法書士にお願いするとスムーズです。

まず、銀行関係の手続きから見ていきましょう。財産目録をつくる際、銀行預金の**残高証明書**を取得する必要がありますが（6－5参照）、そのとき「親が亡くなった」と伝えておけば、銀行から遺産相続に関する書類を一式もらえるはずです。各行でやり方が異なるので、基本的に、取り寄せた書類に書いてある手順に従って手続きを進めます。

最終的に、誰かが預金を引き継いで名義変更をするにしろ、預金を引き出すにしろ、**相続人全員の署名・押印**が必要となりますが、故人のすべての口座を合算しても、残高が数百円から数千円しかないというときは（私の親がそうでした）、面倒な手続きなしに、代表者の口座に振り込んでくれる銀行もあるようです。

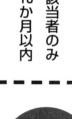

▼有価証券の手続き

故人が保有していた有価証券（株式や投資信託、国債など）の相続手続きは、金融機関での手続きとほとんど同じです。

まずは、証券会社や信託銀行に連絡をとり、手続き方法を確認します。続いて相続人名義の口座を準備する必要があります。そのうえで証券会社に指定された必要書類を提出し、証券を移管します。

売却を希望する場合は、移管が済んだ後で改めて手続きを行います。

▼不動産の所有権移転登記

不動産を相続する場合、**「所有権移転登記」**を行います。

相続人がすでに居住している住宅でも、登記簿上の所有者が故人のままだと、相続人は不動産の売却などを行うことはできません。

登記の手続きを以下にまとめます。

● 不動産の所有権移転登記の申請

申請先　不動産の所在地の法務局

申請できる人　不動産を取得した人（または代理人）

必要なもの

- □ 登記申請書
- □ 固定資産税評価証明書（市区町村役場で入手可）
- □ 故人の除籍謄本
- □ 故人の住民票（除票）
- □ 相続人全員の戸籍謄本
- □ 不動産を取得する相続人の住民票
- □ 相続人全員の印鑑証明書
- □ 遺産分割協議書（または遺言書）
- □ 委任状（代理人に依頼する場合）　など

費用　登録免許税（固定資産税評価額の0.4%）

登記移転申請書　記入例

登記申請書

登記の目的　　所有権移転

> 被相続人の死亡年月日を記入する

原　　因　　平成○○年○月○日相続

相 続 人　　（被相続人　能率　一郎）
中央区日本橋○丁目○番地
能率　はなこ　印
連絡先の電話番号　03-1234-5678

> 住民票コードを記載すると、添付情報として、「住民証明情報（住民票）」の提出を省略できる

添 付 書 類　　登記原因証明情報　住所証明書　代理権限証明書

登記識別情報の通知を希望する。

平成○○年×月×日申請　　東京　法務局　△△　支局（出張所）

代 理 人　　東京都千代田区丸の内1丁目2番地3号
司法書士　東京　太郎　印

> 代理人に依頼する場合は、代理が署名押印する（別途「代理権証明書」の提出が必要）

課 税 価 格　　金　○円

登録免許税　　金　○円

> 登録免許税は、課税価格の0.4%（100円未満は切捨て）

不動産の表示

不動産番号	1234567890123
所　　在	中央区日本橋○丁目
地　　番	○番
地　　目	宅地
地　　積	123.45平方メートル

> 不動産情報として、所在地、番地、地目、地積等を記入する

不動産番号	0987654321012
所　　在	中央区日本橋○丁目○番地
家 屋 番 号	○番
種　　類	居宅
構　　造	木造瓦葺2階建て
床 面 積	1階　43·00平方メートル
	2階　21·34平方メートル

▼自動車の手続き

故人の自動車を相続する場合、**管轄の陸運局**に**「移転登録申請書」**を提出します。売却や廃車にする場合も、いったん名義変更を行うことになります。申請には、次のような書類が必要です。

● 自動車の相続（まとめ）

申請先

管轄の陸運局
（運輸支局か自動車検査登録事務所）

必要なもの

- □ 移転登録申請書
（陸運局で入手）
- □ 被相続人の死亡事実および相続人全員が確認できる戸籍謄本など
- □ 車検証　など

▼団体信用生命保険の手続き

団体信用生命保険（団信）とは、不動産購入時に加入したローン契約者が、返済中に死亡または高度障害となった場合、住宅ローンの残額を生命保険会社が支払うしくみです。

故人がローン契約者だった場合、まずはローンを組んでいる金融機関に連絡します。ローンが完済されると、金融機関から**「抵当権抹消登記」**に必要な書類が届けられます。

抵当権抹消登記は、法務局で行います。なお、抵当権抹消登記を行うにあたっては、先ほどの「所有権移転登記」を行う必要がありますが、「抵当権抹消登記」とあわせて申請することもできます。

「登記申請書」は次のページを参照してください。

抵当権抹消登記申請書　記入例

登記申請書

登記の目的　　抵当権抹消

> 登記の目的として「抵当権抹消」と記載する

原　　因　　平成○○年○月○日　解除

抹消する登記　　平成△△年△月△日受付第1234号抵当権

> 番号は、「登記事項証明書」を元に記入する（190ページ参照）

権 利 者　　中央区日本橋○丁目○番地
能率　はなこ

義 務 者　　東京都中央区○○
株式会社甲乙銀行
代表取締役　金子　二郎

> 抵当権者である銀行から委任を受ける形で申請することが多い

添付書類　　登記原因証明情報　代理権限証明書
登記識別情報（または登記済証）　資格証明情報

登記識別情報の通知を希望する。

平成○○年×月×日申請　　東京　法務局　　△△　支局（出張所）

権利者兼義務者代理人　中央区日本橋○丁目○番地
能率　はなこ　印
連絡先の電話番号　03-1234-5678

登録免許税　　金　○円

> 登録免許税は、土地または建物1つにつき1,000円

不動産の表示
- 不動産番号　1234567890123
- 所　　在　中央区日本橋○丁目
- 地　　番　○番
- 地　　目　宅地
- 地　　積　123.45平方メートル

- 不動産番号　0987654321012
- 所　　在　中央区日本橋○丁目○番地
- 家屋番号　○番
- 種　　類　居宅
- 構　　造　木造瓦葺2階建て
- 床 面 積　1階　43·00平方メートル
  2階　21·34平方メートル

6-9 相続税を計算する

対象 全員

時期 10か月以内

実際に相続税がかかるケースは、全相続の４％程度です

▼相続税計算の流れ

相続税は、大きく４つのステップに沿って計算していきます。

●相続税計算の４つのステップ

（ステップ1）
相続財産のうち、課税される金額を計算する

↓

（ステップ2）
課税遺産総額を計算する

↓

（ステップ3）
各相続人の納める納税額を計算する

↓

（ステップ4）
相続税の軽減・加算措置を確認する

▼ステップ1…課税される金額を計算する

相続によってさまざまな財産を取得しますが、すべてが課税の対象というわけではありません。まずは、すべての財産を集計し、その中から非課税や控除されるものを差し引き、相続税の課税価格の合計額を計算します。

具体的には、①本来の相続財産、②みなし相続財産、③非課税財産、④相続時精算課税に係る贈与財産、⑤債務・葬儀費用、⑥相続開始前3年以内の贈与財産として、

「課税価格の合計額＝①＋②－③＋④－⑤＋⑥」

で計算します。それぞれの内容は次ページを見てください。

①本来の相続財産（主な相続財産の評価法）

土地	（主に市街地）路線価×補正率・加算率×面積 （主に郊外）　固定資産税評価額×倍率
自宅	固定資産税評価額×1.0
貸家	自宅の価額×（１－借家権割合）
上場株式	A～Dのうち最も低い金額 A：相続開始の日の最終取引価額 B：相続開始の月の最終取引価額の月平均額 C：その前月の最終取引価額の月平均額 D：その前々月の最終取引価額の月平均額
非上場株式	会社の規模・株主の態様により以下の方法で評価 ・類似業種比準価額方式 ・純資産価額方式 ・配当還元方式
預貯金	元金＋解約利子の手取額
利付公社債	発行価額＋既経過利子の手取額
割引公社債	発行価額＋既経過償還差益
貸付信託	元金＋既経過収益の手取り額－買取り割引料
ゴルフ会員権	取引相場×0.7
書画・骨董品	専門家による鑑定価額

②みなし相続財産

生命保険金	受取金額－非課税枠（500万円×法定相続人の数）
退職手当金	受取金額－非課税枠（500万円×法定相続人の数）

※被相続人の退職手当金や生命保険金など、本来の相続財産とは質が違うものの相続財産の一種とみなす財産を「みなし相続財産」という。退職金と生命保険金には上記のとおり非課税枠が設けられている。

③非課税財産
弔慰金、墓地・墓石・仏壇・仏具などの取得費用は非課税となる。

④相続時精算課税に係る贈与財産
贈与時の価額が課税対象となる。

⑤債務・葬儀費用
故人の債務および葬儀費用は、相続財産から控除される。なお、葬儀費用には、本（密）葬費用、通夜費用、お布施、遺体運搬費用などが含まれるが、初七日・四十九日法要費用、香典返し費用などは含まれない。

⑥相続開始前３年以内の贈与財産
贈与時の価額が課税対象となる。

▼ステップ2…相続税の総額を計算する

ステップ1によって求めた課税価格の合計額から基礎控除額をマイナスし、課税遺産総額を計算します。

それを元に、相続税の総額を算出します。

簡単にいうと、**課税価格の合計額が基礎控除額を上回れば相続税がかかる、下回れば相続税はかからないということ**になります。

なお、基礎控除額は、平成27年に改正され、４割も減ってしまいましたので、以前よりも相続の申告が必要な人が大幅に増えたと考えられます。

また、各人の税率は法定相続分をもとに、「速算表」（２０９ページ参照）を使って計算できます。

●相続税の総額を計算する

① 課税遺産総額の計算

相続税の課税価格の合計額

－ 基礎控除額（3000 万円＋600 万円×法定相続人の数）

＝ 課税遺産総額

②相続税の総額の計算

課税遺産総額 × 法定相続分 ×税率＝ 相続税のもとなる税額

課税遺産総額 × 法定相続分 ×税率＝ 相続税のもとなる税額

課税遺産総額 × 法定相続分 ×税率＝ 相続税のもとなる税額

↓

合計額：相続税の総額

●相続税がかかる？かからない？

課税価格の合計額 ＞ 基礎控除額 →相続税がかかる

課税価格の合計額 ≦ 基礎控除額 →相続税がかからない

▼ステップ3…各人の相続税額を計算する

ステップ2で計算した相続税の合計額を実際の相続割合で按分することで、各人の相続税額を算出できます。少し複雑ですが、次のページの事例を元に計算してみましょう。

COLUMN 事務仕事はプロの手を借りる

相続税の計算のしかたを読んでいるみなさんは、きっと「面倒くさい」「自分にできるかな…」と感じていることでしょう。私もそう思って知り合いの税理士さんにお願いしました。

日頃、経理を仕事にしている人や、毎年確定申告を自分でしているという人以外は、プロに任せたほうが安心です。

●相続税の速算表

法定相続分に応じた取得金額	税率	控除額
1,000万円以下	10%	—
1,000万円超 3,000万円以下	15%	50万円
3,000万円超 5,000万円以下	20%	200万円
5,000万円超 1億円以下	30%	700万円
1億円超 2億円以下	40%	1,700万円
2億円超 3億円以下	45%	2,700万円
3億円超 6億円以下	50%	4,200万円
6億円超	55%	7,200万円

●各人の相続税額の計算例

（例）次の場合の各人の相続税額を計算せよ。
なお、課税価格の合計額は12,800万円とする。

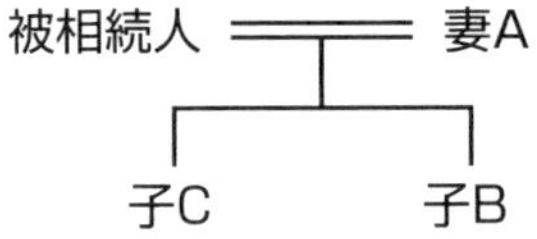

①課税遺産総額の計算
12,800万円－（3,000万円＋600万円×3人）＝8,000万円

②相続税の総額の計算
妻A：8,000万円×1/2＝4,000万円
　　　4,000万円×20％－200万円＝600万円
子B：8,000万円×1/2×1/2＝2,000万円
　　　2,000万円×15％－50万円＝250万円
子C：8,000万円×1/2×1/2＝2,000万円
　　　2,000万円×15％－50万円＝250万円

相続税の総額：600万円＋250万円＋250万円＝1,100万円

③各人の相続税の計算
妻A：1,100万円×1/2＝550万円
子B：1,100万円×1/4＝275万円
子C：1,100万円×1/4＝275万円

▼ステップ4…相続税の軽減・加算措置を確認する

相続税には、負担が軽くなる軽減措置、負担の重くなる加算措置といった特例がいくつかあります。ステップ3で計算した各人の相続税に軽減・加算をくわえ、各人が納付する相続税額を計算します。

なお、相続税の申告書の提出が求められる制度もあるので注意してください。

【主な加算措置】

・相続税額の2割加算

被相続人の一親等の血族および配偶者以外の場合（兄弟姉妹、代襲相続ではない孫、血縁関係のない者などが対象）、算出相続税額の**2割相当額**を加算する

【主な軽減措置】

・配偶者の税額控除

配偶者は、課税価格が**1億6000万円以下または法定相続分以下**であれば相続税はかからない（**申告必要**）

・**小規模宅地等の特例**

故人の自宅等について一定の面積まで評価額が8割または5割減額される（**申告必要**）

・贈与税額控除

3年以内の生前贈与について、贈与税を支払っていた場合、贈与税額が差し引かれる

・**未成年者控除・障害者控除**

相続税から一定額が差し引かれる

6-10 相続税の申告手続き

対象 該当者のみ
時期 10か月以内

申告義務のある人全員が共同で1通の申告書を作成するのが通常です。

▼申告が必要なケースは？

6－9で計算した結果、相続税がかかることが判明した人は、税務署に相続税の申告書を提出し、相続税を納付する必要があります。申告・納税は、相続の開始があったことを知った日の翌日から10か月以内に行わなければなりません。

なお、211ページで紹介した**「配偶者の税額控除」**と**「小規模宅地等の特例」**の適用を受けるためには、必ず申告書を提出しなければなりません。

▼申告手続きの方法

相続税の申告書は、故人の死亡時の住所地の所轄税務署に提出します。

●相続税の申告書の提出

提出書類

□ 相続税の申告書

※申告書は全15表から構成されるが、次ページからは代表的な書式（第１表、第２章、第11表、第13表、第15表の一部）を紹介する

提出先

被相続人の住所地の所轄税務署

提出期限

相続の開始があったことを知った日の翌日から10か月以内

相続税の申告書（第1表） 見本

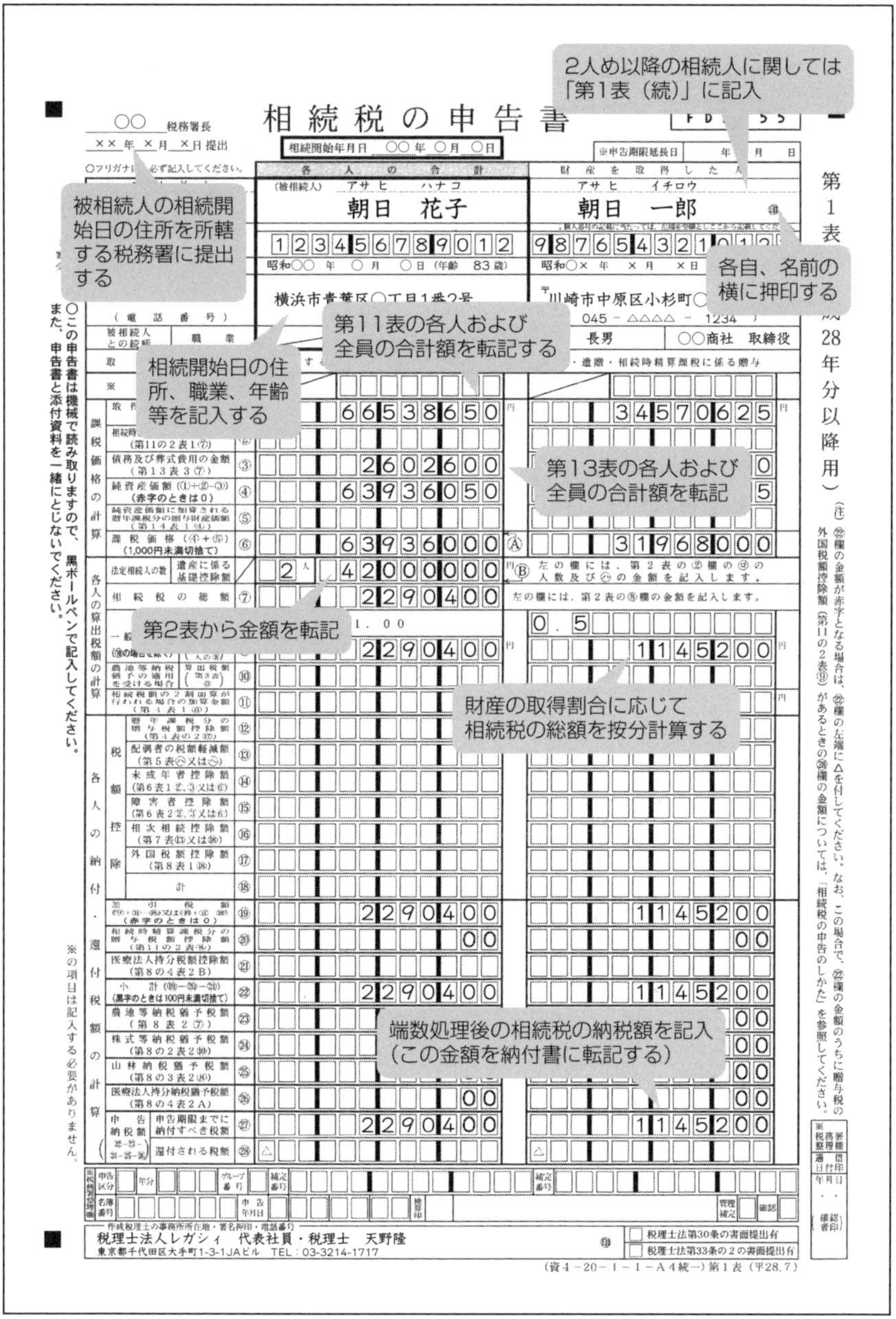

相続税の申告書

○○ 税務署長
××年 ×月 ×日提出

相続開始年月日 ○○年 ○月 ○日

※申告期限延長日 年 月 日

	各人の合計	財産を取得した人
フリガナ	（被相続人） アサヒ ハナコ	アサヒ イチロウ
氏名	朝日 花子	朝日 一郎 ㊞
個人番号又は法人番号	123456789012	987654321012
生年月日	昭和○○年 ○月 ○日（年齢 83歳）	昭和○×年 ×月 ×日
住所（電話番号）	横浜市青葉区○丁目1番2号	川崎市中原区小杉町○… 045 – △△△△ – 1234
被相続人との続柄・職業		長男 ○○商社 取締役
① 取得財産の価額	66538650 円	34570625 円
② 相続時精算課税適用財産の価額（第11の2表1⑦）		
③ 債務及び葬式費用の金額（第13表3⑦）	2602600	
④ 純資産価額（①+②-③）（赤字のときは0）	63936050	
⑤ 純資産価額に加算される暦年課税分の贈与財産価額（第14表1④）		
⑥ 課税価格（④+⑤）（1,000円未満切捨て）	63936000 Ⓐ	31968000
法定相続人の数・遺産に係る基礎控除額	2人 42000000 Ⓑ	左の欄には、第2表の②欄の回の人数及び○の金額を記入します。
⑦ 相続税の総額	2290400	左の欄には、第2表の⑧欄の金額を記入します。
⑧ あん分割合	1.00	0.5
⑨ 算出税額	2290400 円	1145200 円
⑩ 農地等納税猶予の適用を受ける場合 算出税額（第3表）		
⑪ 相続税額の2割加算が行われる場合の加算金額（第4表1⑥）		
⑫ 暦年課税分の贈与税額控除額（第4表の2㉗）		
⑬ 配偶者の税額軽減額（第5表○又は○）		
⑭ 未成年者控除額（第6表1②、③又は⑥）		
⑮ 障害者控除額（第6表2②、③又は⑥）		
⑯ 相次相続控除額（第7表⑬又は⑱）		
⑰ 外国税額控除額（第8表1⑧）		
⑱ 計		
⑲ 差引税額（⑨+⑪-⑱）又は（⑩+⑪-⑱）（赤字のときは0）	2290400	1145200
⑳ 相続時精算課税分の贈与税額控除額（第11の2表⑧）	00	00
㉑ 医療法人持分税額控除額（第8の4表2B）		
㉒ 小計（⑲-⑳-㉑）（黒字のときは100円未満切捨て）	2290400	1145200
㉓ 農地等納税猶予税額（第8表2⑦）		00
㉔ 株式等納税猶予税額（第8の2表2⑩）		00
㉕ 山林納税猶予税額（第8の3表2⑧）		00
㉖ 医療法人持分納税猶予税額（第8の4表2A）	00	00
㉗ 申告納税額 申告期限までに納付すべき税額	2290400	1145200
㉘ 還付される税額	△	△

第1表（平成28年分以降用）

（注）㉒欄の金額が赤字となる場合は、㉒欄の左端に△を付してください。なお、この場合で、㉒欄の金額のうちに贈与税の外国税額控除額（第11の2表⑨）があるときの㉘欄の金額については、「相続税の申告のしかた」を参照してください。

○この申告書は機械で読み取りますので、黒ボールペンで記入してください。
また、申告書と添付資料を一緒にとじないでください。

※の項目は記入する必要がありません。

作成税理士の事務所所在地・署名押印・電話番号
税理士法人レガシィ 代表社員・税理士 天野隆 ㊞
東京都千代田区大手町1-3-1JAビル TEL：03-3214-1717

□ 税理士法第30条の書面提出有
□ 税理士法第33条の2の書面提出有

（資4－20－1－1－A4統一）第1表（平28.7）

2人め以降の相続人に関しては「第1表（続）」に記入
被相続人の相続開始日の住所を所轄する税務署に提出する
各自、名前の横に押印する
第11表の各人および全員の合計額を転記する
相続開始日の住所、職業、年齢等を記入する
第13表の各人および全員の合計額を転記
第2表から金額を転記
財産の取得割合に応じて相続税の総額を按分計算する
端数処理後の相続税の納税額を記入（この金額を納付書に転記する）

税理士法人レガシィ作成

相続税の税額の計算書（第2表） 見本

相続税の総額の計算書

被相続人	朝日　花子

第2表（平成27年分以降用）

この表は、第１表及び第３表の「相続税の総額」の計算のために使用します。

なお、被相続人から相続、遺贈や相続時…（中略）…人のうちに農業相続人がいない場合は、この表の㋭欄及び㋬欄並びに⑨欄…

> 法定相続人の数を記入し、基礎控除額を計算する

① 課税価格の合計額		② 遺産に係る基礎控除額		③ 課税遺産総額	
㋑（第１表⑥Ⓐ）	63,936,000円	3,000万円＋（600万円×㋺ 2人（Ⓐの法定相続人の数））＝㋩ 4,200万円		㋥（㋑－㋩）	21,936,000円
㋭（第３表⑥Ⓐ）	,000	㋺の人数及び㋩の金額を第１表Ⓑへ転記します。		㋬（㋭－㋩）	,000

④ 法定相続人（（注）１参照）氏名	被相続人との続柄	⑤ 左の法定相続人に応じた法定相続分	第１表の「相続税の総額⑦」の計算 ⑥ 法定相続分に応ずる取得金額（㋥×⑤）（1,000円未満切捨て）	⑦ 相続税の総額の基となる税額（下の「速算表」で計算します。）	第３表の「相続税の総額⑦」の計算 ⑨ 法定相続分に応ずる取得金額（㋬×⑤）（1,000円未満切捨て）	⑩ 相続税の総額の基となる税額（下の「速算表」で計算します。）
朝日　一郎	長男	1/2	10,968,000円	1,145,200円	,000円	円
夕日　和子	長女	1/2	10,968,000	1,145,200	,000	
					,000	
					,000	
					,000	
					,000	
			,000		,000	
			,000		,000	
			,000		,000	
法定相続人の数	Ⓐ　人	合計　1	⑧ 相続税の総額（⑦の合計額）（100円未満切捨て）	2,290,400	⑪ 相続税の総額（⑩の合計額）（100円未満切捨て）	00

> 各相続人の法定相続分を記入する（法定相続分の合計が「1」になるかを確認する）

> 課税遺産総額を法定相続分で按分して、法定相続分に応じた取得金額を算定し、これを元として相続税の速算表にて相続税額を算出する

> 第1表⑦へ転記

（注）１　④欄の記入に当たっては、被相続人に養子がある場合や相続の放棄があった場合には、「相続税の申告のしかた」をご覧ください。

２　⑧欄の金額を第１表⑦欄へ転記します。財産を取得した人のうちに農業相続人がいる場合は、⑧欄の金額を第１表⑦欄へ転記するとともに、⑪欄の金額を第３表⑦欄へ転記します。

○この表を修正申告書の第２表として使用するときは、㋑欄には修正申告書第１表の㋺欄の⑥Ⓐの金額を記入し、㋭欄には修正申告書第３表の１の㋺欄の⑥Ⓐの金額を記入します。

相続税の速算表

法定相続分に応ずる取得金額	10,000千円以下	30,000千円以下	50,000千円以下	100,000千円以下	200,000千円以下	300,000千円以下	600,000千円以下	600,000千円超
税率	10%	15%	20%	30%	40%	45%	50%	55%
控除額	－千円	500千円	2,000千円	7,000千円	17,000千円	27,000千円	42,000千円	72,000千円

この速算表の使用方法は、次のとおりです。

⑥欄の金額×税率－控除額＝⑦欄の税額　　⑨欄の金額×税率－控除額＝⑩欄の税額

例えば、⑥欄の金額30,000千円に対する税額（⑦欄）は、30,000千円×15%－500千円＝4,000千円です。

○連帯納付義務について

相続税の納税については、各相続人等が相続、遺贈や相続時精算課税に係る贈与により受けた利益の価額を限度として、お互いに連帯して納付しなければならない義務があります。

第２表（平28.7）　　（資４－20－３－Ａ４統一）

税理士法人レガシィ作成

相続税がかかる財産の明細書（第11表） 見本①

相続税がかかる財産の明細書

（相続時精算課税適用財産を除きます。）

被相続人	朝日　花子

第11表（平成21年4月分以降用）

○相続時精算課税適用財産の明細については、この表によらず第11の2表に記載します。

この表は、相続や遺贈によって取得した財産及び相続や遺贈によって取得したものとみなされる財産のうち、相続税のかかるものについての明細を記入します。

遺産の分割状況	区分	1 全部分割	2	割
	分割の日	○○・○・○		

財産の明細							分割が確定した財産	
種類	細目	利用区分、銘柄等	所在場所等	数量 固定資産税評価額	単価 倍数	価額	取得した人の氏名	取得財産の価額
土			区	157.68㎡ 円	260,000円	円 40,996,800	朝日　一郎	円 40,996,800
						40,996,800		
（計）						40,996,800		
家屋・構築物	家屋(木・瓦・2階・居宅)	自宅 自用家屋 #123-4	横浜市青葉区 ○-123-4	124.22㎡ 1,971,000	1.0	1,971,000	朝日　一郎	1,971,000
（計）						1,971,000		
有価証券	その他の株式	○○自動車	△△証券 青葉台支店	300株	6,202	1,860,600	夕日　和子	1,860,600
	（小計）					1,860,600		
	証券投資信託等の受益証券	○○ ファンド	△△証券 青葉台支店	7,877,186口		4,233,500	夕日　和子	4,233,500
	（小計）					4,23		
（計）						6,09		
現金・預貯金等	現金	手許現金				500,000	夕日　和子	500,000
	預貯金	普通預金 #123456	△△銀行 青葉台支店			6,576,000	夕日　和子	6,576,000
	預貯金	定期預金 #456789	△△銀行 青葉台支店			10,000,750	夕日　和子	10,000,750
（計）						17,076,750		
家庭用財産		家財一式	横浜市青葉区 ○-123-4の居宅内			100,000	朝日　一郎	100,000
（計）						100,000		
その他の財産	その他	入院給付金 #987654	△△生命保険			300,000	夕日　和子	300,000
	（小計）					300,000		
（計）						300,000		
（合計）						66,538,650		

合計表		（各人の合計）					
財産を取得した人の氏名							
分割財産の価額	①	円	円	円	円	円	円
未分割財産の価額	②						
各人の取得財産の価額（①＋②）	③						

（注）1 「合計表」の各人の③欄の金額を第1表のその人の「取得財産の価額①」欄に転記します。
2 「財産の明細」の「価額」欄は、財産の細目、種類ごとに小計及び計を付し、最後に合計を付して、それらの金額を第15表の①から㉘までの該当欄に転記します。

第11表（平28.7）　　（資4－20－12－1－A4統一）

遺産分割協議が成立した日付を記入する

第11表には、財産の種類・細目・利用区分等や所在地、財産評価額を記載する

財産を取得した人の氏名と取得金額を記入する

税理士法人レガシィ作成

相続税がかかる財産の明細書（第11表） 見本②

相続税がかかる財産の明細書
（相続時精算課税適用財産を除きます。）

被相続人　朝日　花子

第11表（平成21年4月分以降用）

○相続時精算課税適用財産の明細については、この表によらず第11の2表に記載します。

この表は、相続や遺贈によって取得した財産及び相続や遺贈によって取得したものとみなされる財産のうち、相続税のかかるものについての明細を記入します。

遺産の分割状況	区分	1 全部分割	2 一部分割	3 全部未分割
	分割の日	○○・○・○	・・	

種類	細目	利用区分、銘柄等	所在場所等	数量 / 固定資産税評価額	単価 / 倍数	価額	取得した人の氏名	取得財産の価額
代償財産	現金・預貯金等			円	円	△8,497,175円	朝日　一郎	△8,497,175円
						8,497,175	夕日　和子	8,497,175

代償分割とは、遺産分割をするときに特定の相続人が自分の相続分以上の財産をもらうかわりに、他の相続人にはその代償として金銭を支払うことにより、遺産分割を調整する手法

各人の財産取得額の合計を記入する

合計表		（各人の合計）	朝日　一郎	夕日　和子			
財産を取得した人の氏名		（各人の合計）	朝日　一郎	夕日　和子			
分割財産の価額	①	66,538,650円	34,570,625円	31,968,025円	円	円	円
未分割財産の価額	②						
各人の取得財産の価額（①＋②）	③	66,538,650	34,570,625	31,968,025			

（注）1　「合計表」の各人の③欄の金額を第１表のその人の「取得財産の価額①」欄に転記します。
2　「財産の明細」の「価額」欄は、財産の細目、種類ごとに小計及び計を付し、最後に合計を付して、それらの金額を第15表の①から㉘までの該当欄に転記します。

第11表（平28.7）　　（資４－20－12－１－Ａ４統一）

税理士法人レガシィ作成

債務及び葬式費用の明細書（第13表） 見本

債務及び葬式費用の明細書

被相続人　朝日　花子

第13表（平成21年4月分以降用）

1 債務の明細（この表は、被相続人の債務について、その明細と負担する人の氏名及び金額を記入します。）

債務の明細						負担することが確定した債務	
種類	細目	債権者 氏名又は名称	債権者 住所又は所在地	発生年月日 弁済期限	金額	負担する人の氏名	負担する金額
公租公課	平成○○年度固定資産税	青葉区役所		・・ ・・	410,400円	朝日　一郎	410,400円
その他	医療費	△△病院		・・ ・・	157,200	朝日　一郎	157,200
				・・ ・・			
				・・ ・・			
				・・ ・・			
合計							

各人の債務と葬式費用の負担額の合計を記入する

2 葬式費用の明細（この表は、被相続人の葬式に要した費用について、その明細と負担する人の氏名及び金額を記入します。）

葬式費用の明細				負担することが確定した葬式費用	
支払先 氏名又は名称	支払先 住所又は所在地	支払年月日	金額	負担する人の氏名	負担する金額
△△葬儀社	A 葬儀費用	○○・○・○	1,620,000円	朝日　一郎	1,620,000円
△△寺	B お布施	○○・○・○	400,000	朝日　一郎	400,000
葬儀受付ほか	C 心付け	○○・○・○	15,000	朝日　一郎	15,000
		・・			
		・・			
		・・			
合計			2,035,000		

葬式費用を負担した人の氏名と負担金額を記入する

3 債務及び葬式費用の合計額

債務などを承継した人の氏名		(各人の合計)	朝日　一郎			
債務	負担することが確定した債務 ①	567,600円	567,600円	円	円	円
債務	負担することが確定していない債務 ②					
債務	計（①+②） ③	567,600	567,600			
葬式費用	負担することが確定した葬式費用 ④	2,035,000	2,035,000			
葬式費用	負担することが確定していない葬式費用 ⑤					
葬式費用	計（④+⑤） ⑥	2,035,000	2,035,000			
合計（③+⑥）	⑦	2,602,600	2,602,600			

債務を負担した人の氏名と負担金額を記入する

（注）1 各人の⑦欄の金額を第1表のその人の「債務及び葬式費用の金額③」欄に転記します。
2 ③、⑥及び⑦欄の金額を第15表の㉝、㉞及び㉟欄にそれぞれ転記します。

第13表（平28.7）　（資4－20－14－A4統一）

税理士法人レガシィ作成

相続財産の種類別価額表（第15表） 見本

第15表は、各人の財産等の種類別合計額を記載する

2人め以降の相続人に関しては「第15表（続）」に記入する

■ 相続財産の［種類別価額表］（…表までの記載に基づいて記入し…） FD3535 ■

（単位は円）

被相続人（氏名）：朝日 花子
（氏名）：朝日 一郎

種類	細目	番号	各人の合計	朝日 一郎
※	整理番号		被相続人	
土地（土地の上に存する権利を含みます。）	田	①		
	畑	②		
	宅地	③	40996800	40996800
	山林	④		
	その他の土地	⑤	40996800	40996800
	計	⑥		
	⑥のうち特例農地等 通常価額	⑦		
	⑥のうち特例農地等 農業投資価格による価額	⑧		
家屋、構築物		⑨	1971000	1971000
事業（農業）用財産	機械、器具、農耕具、その他の減価償却資産	⑩		
	商品、製品、半製品、原材料、農産物等	⑪		
	売掛金	⑫		
	その他の財産	⑬		
	計	⑭		
有価証券	特定同族会社の株式及び出資 配当還元方式によったもの	⑮		
	特定同族会社の株式及び出資 その他の方式によったもの	⑯		
	⑮及び⑯以外の株式及び出資	⑰	1860600	
	公債及び社債	⑱		
	証券投資信託、貸付信託の受益証券	⑲	4233500	
	計	⑳	6094100	
現金、預貯金等		㉑	17076750	
家庭用財産		㉒	100000	100000
その他の財産	生命保険金等	㉓		
	退職手当金等	㉔		
	立木	㉕		
	その他	㉖	300000	−8497175
	計	㉗	300000	−8497175
合計（⑥＋⑨＋⑭＋⑳＋㉑＋㉒＋㉗）		㉘	66538650	34570625
相続時精算課税適用財産の価額		㉙		
不動産等の価額（⑥＋⑨＋⑩＋⑮＋⑯＋㉕）		㉚	42967800	42967800
⑯のうち株式等納税猶予対象の株式等の価額の80％の額		㉛		
⑰のうち株式等納税猶予対象の株式等の価額の80％の額		㉜		
債務等	債務	㉝	567600	567600
	葬式費用	㉞	2035000	2035000
	合計（㉝＋㉞）	㉟	2602600	2602600
差引純資産価額（㉘＋㉙−㉟）（赤字のときは0）		㊱	63936050	31968025
純資産価額に加算される暦年課税分の贈与財産価額		㊲		
課税価格（㊱＋㊲）（1,000円未満切捨て）		㊳	63936000	31968000

第11表と第13表の金額を集計して、記入する

○この申告書は機械で読み取りますので、黒ボールペンで記入してください。

※の項目は記入する必要がありません。

第15表（平成26年分以降用）

※税務署整理欄	申告区分		年分		名簿番号		申告年月日		グループ番号	

第15表（平28.7）　（資4−20−16−1−A4統一）

税理士法人レガシィ作成

6-11 相続税を納付する

対象 該当者のみ
時期 10か月以内

▼期限は相続開始から10か月以内

相続税の申告後、納付を行います。納付期限は、申告と同様で、相続のあったことを知った日の翌日から**10か月以内**です。

1日でも期限を過ぎると延滞税が生じますので注意してください。

相続税は、現金、かつ一括で納めるのが原則ですが、例外として分割払いや物納（物で払う方法）が認められる場合もあります。

相続税の納付書　見本

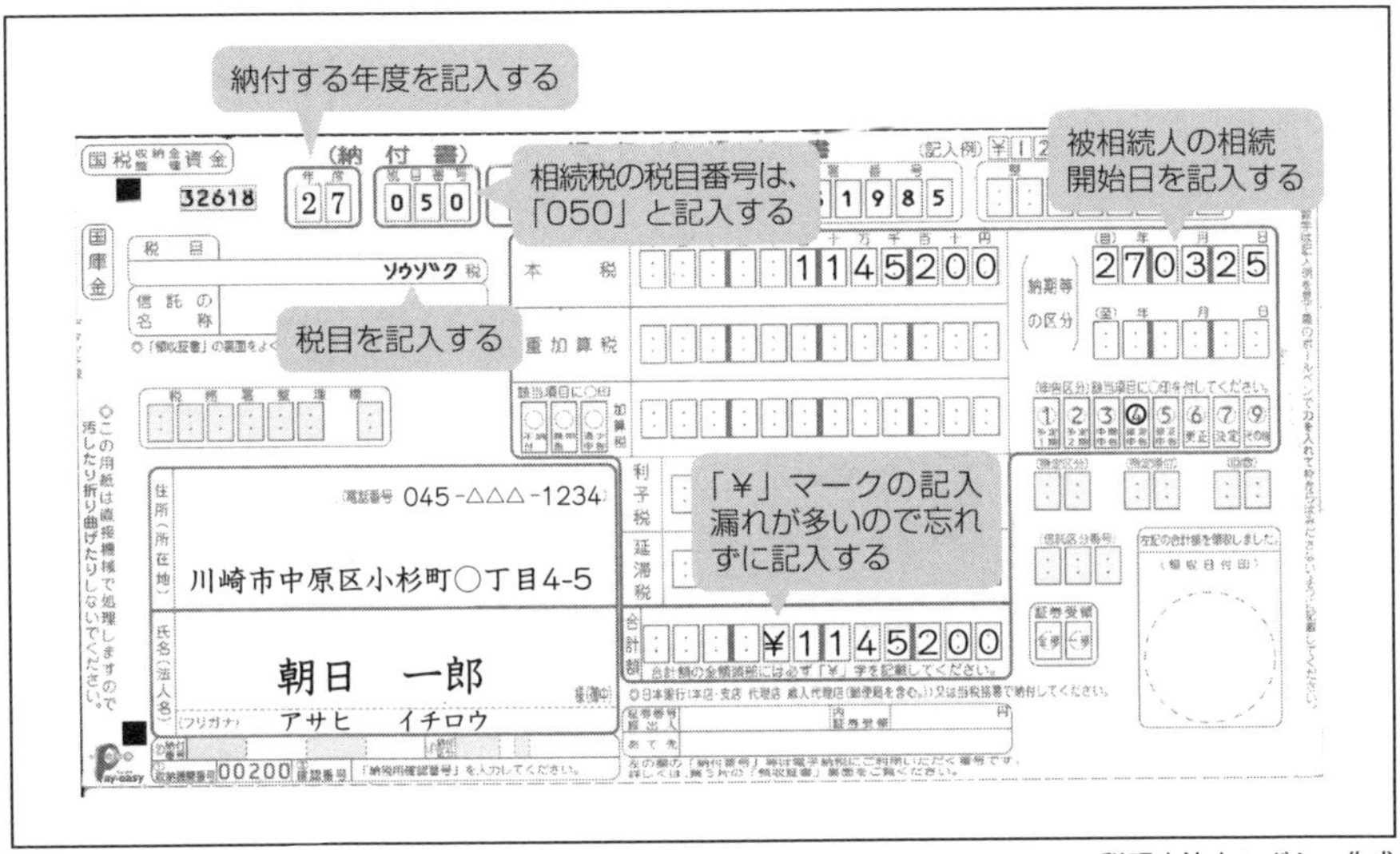

税理士法人レガシィ作成

第7章

相続を考え始めたら、今すぐやっておきたいこと

STORY 7 もめない相続

でも私がもらう分は？なにもないよ？
姉ちゃんはマンション持ってるじゃない？

でも、たとえば実家で母親と次男夫婦が同居
母親が亡くなったとすると
華さんならどうします？
次男
夫婦

相続の書類をつくるのも大変ですけど
もっと大変なのは相続で兄弟や親戚がもめることなんです
遺言書がない場合相続人同士で遺産分割協議をしますが…
あっ!?
ここでトラブルになることが多い
もめるくらいならばっさりと平等に分けたらいいのに
それならわかりやすいですよね
でも、たとえば実家で母親と次男夫婦が同居
母親が亡くなったとすると
次男
夫婦
華さんならどうします?
この人は兄弟がいるんですよね…実家を売って兄弟で分ける…?
そうですね
でも、次男がお金を出して家をリフォームしていたらどうでしょう?
リフォームは高齢の母のため
認知症の母親の介護は次男夫婦がやっていました
母の貯金は介護費用に充てていて残りは少しだけです

なるほど…難しそうです
たとえばこのようなケースを「お互いに納得できるように話し合う」のが遺産分割協議です
でも…親が残した財産で兄弟がもめるなんて…いやですよね
もめたくてもめている人はいないんですよ
相続人は「お金が必要な人たち」なんです
親が亡くなる年齢だとその子どもたちは子育てや住宅ローンなどでお金が必要な世代なんです
不景気だし給料も上がらないその現実を考えると
「お金のことでみっともない!」とは言えないと思うんです
確かに…
お金はあるにこしたことはない……
もめない相続のコツはありますか?
当事者同士が普段から意志を確認できる関係にあればトラブルは避けられると思いますね
いきなり見知らぬ第三者が直接介入すると不信感が増すことも
相続のことでまいりました弁護士です
ええっ!?

※税理士法人レガシィ調べ

歳をとって健康の不安が出始めて…
え！あいつ亡くなったのか!?
年々…さみしくなるなあ
とそんな時に
親父!!
おお、健太かよく来たな
なあ、遺言書書いてくれない？ウチ、貯金いくらある？後でもめたくないからさあ
…と言っては絶対ダメ！
えっ!?
こいつは…俺の死を望んでいるのか!?
うわー……
帰れ！バカモノー!!
ひー
ということになりがちです
うわお…

私の父も税理士でしたけど「遺言書書いて」って言えませんでしたよ
プ、プロの方でもですか？
死が身近になる分親世代には大変な作業だと理解しないといけませんね
エンディングノートはどうですか？
あれは生きているときに確認できるのでそういう意味ではいいですね
法的効力という意味よりも遺言に近い内容があれば子どもがそれに沿って相続を進められますからね
ふむふむ
Ending Note
家族で話し合って以下のノートに書いておくといいですよ
・年金手帳や免許証、マイナンバーの保管場所
・要介護や認知症になった時の対応
・終末医療についての希望
・葬儀・お墓についての希望
・遺言について
・葬儀に来てほしい人のリスト
・預金通帳や実印、保険証券の保管場所
・投資信託、国債、株式などは持っていないか
・住宅ローンなどが残っていないか

でも実はエンディングノートも…ウチの事務所で扱った案件1000件中…
書いている方は0件でした
ええっ…
意外とはやってなかったのね…
最後に…相続のことをお願いするプロを探すコツがあれば教えてください
そうですねー
うちの事務所だと葬儀社さんからの紹介が一番多いです
葬儀社
BANK
〒
次いで金融機関、銀行、証券会社、郵便局などからの紹介ですね
こういう会社とは信用でつながっているので信頼できます
そうですね
「相続専門」と言っているところは守備範囲が広く安心だと思いますよ
わかりました
では…

私は川野さんにお願いしたいと思います
……
そうですか！よろしくお願いいたします
今度は妹と来ます
２人でウチの事情を話すほうが公平かも…と思って
そうですかぜひそうしてください
翌週末　実家
ええ!?プロに？
……
お金かかるんでしょう!?
そりゃあかかるけど私これ以上仕事休めないし
……で、どうするの？
どうするって…公平に分けようと
どうやって？この家売るの？

絶対反対！この家壊すなら私が住む！3人での思い出がいっぱいあるんだから！
3人？
私の家はココだよ！
ああそうか私はすぐ一人暮らしを始めたけど
朋は10代から結婚するまでここに住んでたんだ
でも私がもらう分は？なにもないよ？
姉ちゃんはマンション持ってるじゃない？
あれは自分で買ったの！ローン返済中だよ
へー
母さんちょっと頭金出したの知ってるよ！
あんただって結婚資金出してもらったでしょ？
姉ちゃんが結婚しないのは私のせいじゃない！
なによそれ!!
やるかー!!
オラー!!
ストップストップ!!

ビシッ
どすっ
拓ちゃん!?
もめてるときに顔出すな!
まずは「殴ってごめんね」だよね?
AND AID
すべて聞かせてもらいましたけどこれじゃあダメっすよ
姉妹仲が悪くなる典型じゃないっすか
朋はだいたい華さんに頼りすぎ
なんでー!!
華さんも一人で頑張りすぎ
もっと人に頼った方がいいっす
うん…
わかってないなあ姉ちゃんは頼られるのが好きなの

口出しされるのが
嫌だから
全部自分で
仕切るタイプなの
だから後で
「すごく助かった
ありがとう」
って言えばいいの
コラー!!
朋おまえ…
…そうだけど
ガタッ
そうなんすか?
姉ちゃん
手続き一切
やってくれて
ありがと
マジですごい
大変だったよ
なんだこれ…
まあとにかく…
プロに頼み
ましょう
賛成
わかった
どうなるか
わからないまま
川野さんの事務所に
お願いすることにした
おまかせください!
途中、
遺産調査で
(遺産がないか探し出すこと)
父さんの退職金の残りが
出てきたときはさすがに
色めき立ったけど
うわ――!!
ウソ――!!
やった!!

実家の土地と建物
母親の口座残高
（100万円程度）は
妹が相続し
仏壇、お墓も
ウチが守るよ
父親の退職金の残り
500万円弱は
私が相続することになった
わーい！
ばあばの家に
住むんだよー！
お金貯めて
リフォームするよ
いいじゃない！
華さんオレ
なんて
言ったらいいか
すごく嬉しいっす
よかったね
あ、そうだ
俺が頼もうと
していた
友だちの税理士
悪いことして
先月捕まったんです
ククク…
頼まなくて
よかった!!

私のおひとりさま貯金も増えたよ 父さん、母さん ありがとう
次は母さんの一周忌と… 父さんは次は七回忌かな? 一緒にできないのかな
ブブッ
また柳田さんに聞いてみよう
えー? 昔の同僚と食事会? 行く行く! 出会いがあるかもしれないしね!

7-1 相続とは親の「すがた」を引き継ぐこと

対象 全員
時期 —

相続でもめないためにも、相続の本質を考えてみましょう

▼相続でもめないために

小川家の相続は無事に決着したようです。

しかし、相続がすべて円満に解決するわけではありません。そこで最後に、相続でもめないコツを考えてみたいと思います。

私は決していい息子ではありませんでした。むしろ母親とはどうしても性格的に合わず、ほとんど会話もしないし、たまに口を開けば喧嘩ばかりしていました。

でも、父親が要介護状態になり、週に何度も実家に顔を出すようになると、両親との関係に微妙な変化が生じました。相変わらず喧嘩はするのですが、どんなに怒っても、心のどこかでこの人たちを裏切ることはできない、と思っている自分がいました。

晩年の2年半、両親と過ごした濃密な時間は私自身を変え、両親も変え、それはおそらく、兄や姉にも伝わったのではないかと思います。

▼親の「宝物」を引き継ぐ

相続というと、親の財産を引き継ぐというイメージが強いかもしれませんが、それは相続のひとつの側面にすぎません。**相続の本来の意味は、親の「相」を「続」けること**だというのは、本書の税務監修である税理士法人レガシィの代表、天野隆さんの言葉です。

「人相」や「面相」というように、「相」には「すがた」という意味があります。相続によって引き継ぐのは、在りし日の親の「すがた」ではないかというのです。

私が実家を引き継ごうと思ったのは、4人家族でそこに住みたかったからというのはもちろんですが、もうひとつ理由があります。

母が意識を失う前の晩、付き添いでひとり病室に残っていた私に、母は時間をかけて自分が幼かった頃の話や、父親（私にとっての祖父）の思い出話を聞かせてくれました。そして、最後に、満面の笑みで言ったのは、あの家を手に入れてどんなにうれしかったか、ということでした。

人生の集大成として、どうしてもほしかったマイホーム。しかし、実家のマンションは、数年前に巻き込まれたある裁判の影響で、人手に渡る一歩手前までいきました。彼女は全財産をかき集めて自分の宝物を守り抜いたのです。

実家にお金がほとんどなかったのは、そのときの支払いに充てたからだということは、後に財産を探していたときにわかりました。裁判の記録とともに、老後資金として貯めてあった定期預金や保険を解約し、株も売り払い、現金をかき集めた跡が克明に残っていたのです。

病床の母がうれしそうに実家の話をするのを聞いた瞬間、私の中で、実家を売るという選択肢は消えました。両親が必死に守り抜いた宝物を引き継ぐのが、2人の世話を最期まで見た自分の務めだと思ったのです。

そして今、2人はひとつの位牌となって、実家の仏壇に収まっています。

7-2 最低限知っておきたい生前贈与の知識

対象　全員
時期　―

相続で損をしないために生前贈与を検討するのもいいでしょう

▼生前にできる相続税対策

最後に、生前にできる相続税対策として、**「生前贈与」**の基本を紹介します。

相続税対策として有効な贈与は、①教育資金贈与、②住宅取得資金贈与、③暦年贈与の3つです。

▼祖父母から孫への教育資金贈与

教育資金贈与とは、祖父母から30歳未満の孫に対して教育資金として贈与すると、**1500万円まで非課税になる**というものです。

なお、教育資金贈与は、孫1人につき1500万円まで非課税です。

孫が2人いれば3000万円、3人いれば4500万円と、祖父母の資産を減らす効果があります。

相続税対策として、とても効果的な方法なので、チャンスがあれば検討してみてはいかがでしょうか。

▼子どもや孫への住宅資金贈与

20歳以上の子どもや孫が、自分の住宅を新築・取得する際の住宅取得資金について、一定金額までは贈与税が非課税となるのが、**「住宅資金贈与」**です。

時期によって非課税の枠は異なりますが、これも、相続税対策としては有効は方法です。

● **住宅資金贈与**

期間	良質な住宅用家屋	左記以外の住宅用家屋
平成28年１月〜平成28年９月	1,200万円	700万円
平成28年10月〜平成29年９月	1,200万円	700万円
平成29年10月〜平成30年9月	1,000万円	500万円
平成30年10月〜平成31年6月	800万円	300万円

▼**暦年贈与**

年間110万円までの贈与に対しては、贈与税がかかりません。そのため、この非課税の範囲内で毎年贈与を続けることで、効果的な相続税対策を行うことができます。

索　引

【著者】

田中幸宏（たなか ゆきひろ）

1970年東京都生まれ。京都大学文学部卒。20代で中経出版第３編集部編集長に抜擢され、ビジネス書初のミリオンセラー『経済のニュースが面白いほどわかる本』（細野真宏著）を担当。第１子誕生を機に、30歳を目前にして独立。以後、フリーの編集者兼ライターとして数々のベストセラーを世に送り出す。

2013年に脳梗塞で倒れ、車椅子生活となった父親を母親と二人で介護してきたが、2014年末には母親も初期の認知症と認定され、二人の世話を一手に引き受けることに。外部サービスと連携しながら介護を続けたが、2015年に両親が相次いで亡くなった。本書はそのときの経験をもとに執筆した。

Twitter　http://twitter.com/tanayuki

【マンガ】

あべかよこ

マンガ家。イラスト制作。桑沢デザイン研究所卒。グラフィックデザイナーを経てマンガ家になる。難しい内容をわかりやすく、笑いを加えて解説するマンガが得意。ギャグマンガ出身なので、笑いは必須。知らないことを知って、調べて、マンガに描くことをライフワークとする。資格試験用の解説マンガ、技術やサービスなどの取材マンガ、広告・PR用マンガなどのお仕事多数。

著書に『マンガ　はじめて家を建てました！』（ダイヤモンド社）、『受験用いちばんやさしい! マンガ宅建士入門』（西東社、マンガ構成・作画）、『マンガでやさしくわかる仕事の教え方』（日本能率協会マネジメントセンター）などがある。

HP　http://aglet0.wix.com/abekayoko

【税務監修】

税理士法人レガシィ

相続案件実績日本一（累計8887件）であり、専門ノウハウと対応のよさで紹介者から絶大な支持を得ている、相続専門の税理士法人。代表社員税理士・天野隆には『ひと目でわかる！図解「実家」の相続』（青春出版社）、『日本一の税理士が教えるもめない相続の知恵』（SB新書）ほか、多数の著書がある。

マンガでやさしくわかる
親・家族が亡くなった後の手続き

2016年8月25日　初版第1刷発行
2021年6月5日　第5刷発行

著　者——田中幸宏

マンガ——あべかよこ
税務監修——税理士法人レガシィ
発行者——張 士洛
発行所——日本能率協会マネジメントセンター
〒103-6009 東京都中央区日本橋 2-7-1 東京日本橋タワー
TEL 03(6362)4339(編集)／03(6362)4558(販売)
FAX 03(3272)8128(編集)／03(3272)8127(販売)
https://www.jmam.co.jp/

装　丁———ホリウチミホ（ニクスインク）
本文デザインDTP—株式会社明昌堂
印刷・製本—三松堂株式会社

ISBN 978-4-8207-5930-0　C0032
落丁・乱丁はおとりかえします。
PRINTED IN JAPAN